Pierre-Emmanuel Barjonet
Dominique Lagarde
Jean Serveille

SÉCURITÉ ROUTIÈRE

Cette étude a été effectuée
par l'Institut National de Recherche sur les Transports et leur Sécurité.
Elle est publiée avec l'aide
de la Délégation interministérielle à la Sécurité routière.

ISBN 2-85978-175-7

Presses de l'école nationale des Ponts et chaussées

28, rue des Saints Pères
75007 Paris

Département Édition de l'Association Amicale des Ingénieurs Anciens Élèves de l'École des Ponts et Chaussées.

Remerciements

Cet ouvrage doit beaucoup aux personnes que nous avons rencontrées, qui ont accepté de répondre à nos questions et qui ont bien voulu nous livrer leur expérience et leurs idées :

à la DSCR : Bernard Durand, Olivier Paul Dubois-Taine, Marie-José Rambeau, Robert Trottein, Michel Ledru, Yannick Souchet, Noël Daubech.

à l'INRETS : Georges Dobias, Yvon Chich, Francis Ferrandez, Jean L'hoste, Dominique Fleury, Jean-Claude Bluet, Jean-Pierre Cauzard, Jocelyne Dore-Picard, Viola Cavallo, Farida Saad, Gilles Malaterre.

au CETUR : Christian Machu

chez PEUGEOT : Jean-Pierre Faidy

à l'ENCER : Claude Blanchard

au SETRA : Thierry Brenac

chez ISIS (SCETAUROUTE) : Jean-Marc Morin.

Sans Alain Artaud (DSCR) et Elvyne Février (DSCR) *Sécurité routière* n'aurait jamais vu le jour.

Préface

La sécurité routière constitue un enjeu humain considérable, encore trop souvent ignoré. Problème majeur de société, elle touche la vie quotidienne des Français et exige une mobilisation constante des pouvoirs publics.

A cet égard, le gouvernement a engagé ces dernières années un effort important de réflexion sur ce problème et arrêté une stratégie d'action, sur la base notamment des propositions du *Livre blanc* de la Sécurité routière, à l'occasion des comités interministériels du 27 octobre 1988 et du 31 décembre 1989.

Des réformes de fond, de nature à apporter des gains sensibles de sécurité, ont ainsi été adoptées, en particulier :

– le renforcement du système dissuasif avec la généralisation des dépistages préventifs d'alcoolémie, l'augmentation du montant des amendes et surtout l'institution du permis à points ;

– le développement de la pédagogie avec le programme national de formation du conducteur et l'extension de l'apprentissage anticipé de la conduite ;

– l'amélioration de l'environnement du conducteur avec la suppression des points noirs, la modération de la vitesse en agglomération ;

– la sécurité des véhicules avec l'obligation de port de ceintures à l'arrière et d'utilisation des dispositifs de retenue pour enfants et, surtout, la mise en place du contrôle technique obligatoire des véhicules de plus de cinq ans.

Cet effort, sans précédent depuis le lancement d'une véritable politique de sécurité routière fin 1972, a été l'occasion d'une sensibilisation importante de l'opinion publique à ce problème de société, prise de conscience qui commence à porter ses fruits ; ainsi la barre symbolique des 10 000 tués a été franchie à la baisse en 1991, et le bilan de 9 617 tués, même s'il demeure inacceptable, est le meilleur que la France ait connu.

Ces résultats encourageants incitent à poursuivre l'effort engagé, autour de trois objectifs prioritaires :

– la pédagogie et la communication, en accentuant l'effort, notamment en direction des jeunes ;

– un système dissuasif plus efficace grâce à une crédibilité accrue des mesures prises en matière de répression ;

– une meilleure adaptation de l'environnement du conducteur — la route, le véhicule — au progrès technologique.

La diversité des mesures prises montre toute la complexité du champ à couvrir, puisque agir dans le domaine de la sécurité routière ne consiste pas seulement à agir sur des domaines ciblés, mais aussi sur un ensemble beaucoup plus vaste composé du triptyque « route – véhicule – conducteur ». Ceci exige un état d'esprit, une certaine « culture » intégrant les dimensions techniques, économiques et sociales du problème.

Telle est l'ambition de l'ouvrage de synthèse intitulé *Sécurité routière* qui rassemble, avec un œil parfois critique, une foison d'éléments disponibles à ce jour, données statistiques, études d'opinion, analyse des facteurs de risque automobile, panoplie d'actions possibles pour réduire l'insécurité routière. Il est utile de préciser que les jugements de valeur portés dans cet ouvrage n'engagent bien entendu que leurs auteurs.

Je tiens à remercier bien vivement Messieurs Lagarde et Serveille de l'École nationale des Ponts et Chaussées et Monsieur Barjonet de l'Institut national de recherche sur les transports et leur sécurité pour cette importante contribution. D'une certaine manière, celle-ci comble un vide, car, mis à part l'ouvrage de référence que constitue le *Livre blanc* de la Sécurité routière paru en mars 1989, rares sont les ouvrages de synthèse qui traitent de l'ensemble du champ de la sécurité routière.

Nul doute qu'il constituera un outil de base utile pour tous ceux qui s'intéressent à la sécurité routière, le grand public bien sûr, mais aussi et, en premier lieu, les services de l'État et leurs principaux partenaires les plus directement impliqués dans l'action interministérielle de sécurité routière.

le Délégué interministériel à la Sécurité routière

Jean-Michel BÉRARD

Sommaire

Deuxième partie
Les causes de l'insécurité et les facteurs du risque 41

Troisième partie
La lutte pour une meilleure sécurité routière 105

Présentation de l'ouvrage

Le présent ouvrage est divisé en trois grandes parties qui s'articulent de manière simple. La première propose un constat sur l'insécurité routière, fondé sur des résultats statistiques et des sondages d'opinion : elle est descriptive. La deuxième dresse un tableau des principaux facteurs d'insécurité : elle est explicative. Enfin, on s'intéresse dans la troisième partie aux différents moyens d'action permettant de lutter pour une meilleure sécurité routière.

Comme l'introduction le précise, l'approche est globale, c'est-à-dire que dans chaque partie les différents thèmes de la sécurité routière sont abordés. L'infrastructure et son environnement sont ainsi principalement traités dans la deuxième partie mais font aussi l'objet de réflexions dans les première et troisième parties.

La première partie a pour buts de situer le risque routier par rapport aux autres types de risque, de décrire l'influence de ses principaux éléments constitutifs et, enfin, de mettre en évidence ses aspects psychologiques et sociaux. Les deux premiers chapitres contiennent des éléments de comparaison internationale. De nombreux tableaux et graphiques illustrent cette partie. Les statistiques présentées sont très agrégées : elles représentent les faits. La multiplicité des données indique que l'insécurité routière est un phénomène global, fonction de nombreuses variables. On a retenu dans cette partie les usagers, les véhicules, l'infrastructure et, enfin, les conditions de circulation. On montre en outre que la mortalité routière, de loin la principale cause de mort accidentelle, est un phénomène préoccupant pour l'ensemble des pays industrialisés. Parmi ceux-ci, la France semble se caractériser par un nombre élevé de tués sur la route par habitant. Enfin, l'étude psychologique et sociale du risque routier indique que celui-ci est perçu comme un risque moyen, et qu'il n'existe pas de force sociale unie s'identifiant à la sécurité routière.

Si la diversité du bilan de la première partie interroge, les développements de la deuxième apportent les éléments nécessaires à l'analyse de l'insécurité routière. L'approche choisie est cette fois thématique, dans le but d'aborder les différentes composantes du phénomène. Le chapitre 1 s'intéresse à l'automobile et à son statut dans la société. Les chapitres suivants sont consacrés à l'étude du conducteur. Puis, on traite successivement des causes déterminantes de l'insécurité attribuables aux véhicules et à l'infrastructure. Enfin, le dernier chapitre est consacré à la vitesse, exemple d'une composante d'insécurité, résultant des multiples facteurs décrits dans cette partie.

Le chapitre 1 de la deuxième partie étudie la place de l'automobile, cause originelle du risque routier, dans la société. On montre, en particulier, qu'au cours de l'histoire récente, la voiture est devenue un mode de transport privilégié, désormais accessible à tous, dont le développement est stimulé par les enjeux économiques et les évolutions de l'urbanisation.

Le chapitre 2 met l'accent sur le fait que l'homme n'est pas assimilable à une machine. Son comportement et sa conduite obéissent à des lois psychologiques et sont influencés par des valeurs sociales. C'est le cas en particulier des jeunes pour qui le risque routier est très élevé alors qu'il sont à leur optimum physiologique.

Chapitre centré sur le conducteur, le chapitre 3 aborde la question du vieillissement des capacités physiologiques et de leur dégradation sous l'effet de la fatigue, des médicaments et de la drogue. Le thème de l'alcool est abordé dans cette rubrique. Outre la relation entre alcool et risque d'accident, l'acceptation sociale du risque de « l'alcool au volant » est discutée.

Le chapitre 4 décrit rapidement les liens entre les véhicules et la sécurité routière. Si les vitesses de pointe excessives des véhicules sont un obstacle à l'amélioration de la sécurité routière, certaines réalisations techniques tant en matière de conception que d'entretien vont dans le bon sens. La brièveté de ce chapitre tient notamment au fait que les véhicules sont le plus souvent considérés comme des objets technologiques et économiques satisfaisants bien que perfectibles. On se reportera à la troisième partie pour ce qui est des recherches en cours (voiture intelligente...).

L'infrastructure, son environnement direct et la sécurité routière sont abordés au chapitre 5. Ils font l'objet de nombreux travaux qui ont permis de dégager d'une part des facteurs d'insécurité dus aux caractéristiques techniques de la route et d'autre part des facteurs causés par une mauvaise adaptation de l'infrastructure au milieu qu'elle traverse. On étudie successivement la rase campagne et le milieu urbain. On s'est, de plus, intéressé spécifiquement au réseau secondaire de rase campagne et aux petites agglomérations, milieux présentant des enjeux importants de sécurité routière. Le paradoxe entre confort de conduite et sécurité routière est abordé. Enfin, comme les autres, le chapitre ne prétend pas à l'exhaustivité. Par exemple, les interactions, jusqu'à présent assez peu étudiées, entre régulation du trafic et sécurité routière ne sont pas évoquées.

Le dernier chapitre concerne la vitesse. Ce thème est exemplaire de la complexité du phénomène de l'insécurité routière. Alors que son impact est évident, reconnu de tous les experts, la pratique de la vitesse est encouragée à la fois par les contextes sociaux, culturels, techniques et économiques. On s'interroge aussi sur la manière d'intégrer la vitesse dans le système de circulation. Les limitations de vitesse sont évoquées dans ce chapitre en tant qu'élément de démonstration des effets de la vitesse ; elles sont traitées en tant que mesure réglementaire dans le chapitre 2 de la troisième partie.

Après l'exposé des causes de l'insécurité et des facteurs de risque, la troisième partie propose de répondre à la question suivante : quels sont les différents types d'action permettant d'améliorer la sécurité routière ?

Ainsi le plan adopté privilégie l'action par rapport aux acteurs. L'historique de la sécurité routière invite à distinguer deux grandes familles d'actions : d'une part, l'action réglementaire incluant les normes techniques sur les véhicules et les infrastructures et les actions de prévention et de répression visant le comportement des conducteurs et, d'autre part, l'action d'incitation et de mobilisation sociale destinée soit à l'individu directement soit à des groupes sociaux et à des institutions. La recherche, si elle se situe en amont de l'action, reste indispensable pour l'amélioration des connaissances et se présente ici comme une méthode de travail en sécurité routière au même titre que les actions opérationnelles. Enfin, de manière brève et non exhaustive, on trouve une présentation des principaux acteurs administratifs ainsi qu'une liste d'associations.

L'historique du chapitre 1 retrace les étapes marquantes de la lutte pour la sécurité routière : la prise en charge du phénomène à l'échelon national, la sensibilisation à l'échelon local et enfin les enjeux actuels.

Le chapitre 2 traite en premier lieu de la réglementation concernant les véhicules. Elle se concentre sur l'amélioration technique des véhicules et fait face aux pressions de la concurrence internationale du marché de l'automobile. En outre, elle s'intéresse de plus en plus à l'entretien des véhicules. Concernant l'infrastructure, on montre qu'une transition s'opère : le travail de l'ingénieur routier est désormais complété par des opérations pluridisciplinaires innovantes. Ces dernières devraient orienter les nouvelles réglementations vers des textes moins normatifs. L'action réglementaire sur les comportements est illustrée par des exemples marquants : limitations de vitesse dont « le 50 km/h en agglomération », lutte contre l'alcool au volant, port obligatoire de la ceinture. On s'intéresse aussi à une mesure adoptée récemment comme le permis à points. Enfin, le chapitre se termine par l'étude des limites de l'action réglementaire. On montre qu'en effet des freins de nature sociale, politique et juridique limitent l'usage de la réglementation.

Le chapitre 3 aborde, sous un titre unique, l'autre volet des actions de sécurité routière : l'incitation et la mobilisation. La première partie de celui-ci est consacrée aux actions qui touchent directement l'individu : les campagnes médiatiques, la diffusion de l'information, l'éducation des enfants et la formation des conducteurs. Pour chacune de ces méthodes, on décrit les principales actions (la communication nationale, l'apprentissage anticipé de la conduite,...) et leurs limites.

La deuxième partie de ce chapitre traite des actions visant des groupes sociaux. On montre que le principe général de l'action consiste à la décentraliser de manière à responsabiliser tous les acteurs concernés. L'organisation des institutions nationales, l'incitation des pouvoirs locaux, la formation de ceux qui jouent un rôle direct dans le domaine de la sécurité routière (auto-écoles, instituteurs et professeurs, magistrats...), le partenariat avec les associations sont toutes des actions de mobilisation. On s'intéresse aussi aux actions tournées vers les entreprises, les assurances et les constructeurs. Dans chacun de ces cas, il s'agit d'intégrer la sécurité routière dans une logique professionnelle qui ne s'en préoccupe pas. On montre ainsi que l'action mobilisatrice vise à faire de la sécurité routière l'affaire de tous. Il apparaît aussi que ces actions tous azimuts ne sont pas regroupées et valorisées dans un programme unique, ce qui est en partie dû à la difficulté de les hiérarchiser en fonction de leurs impacts potentiels.

La recherche en sécurité routière est décrite dans le chapitre 4. Après quelques caractéristiques générales, on trouve deux exemples de thèmes de recherche en pointe : la voiture intelligente et la lisibilité de la route. Cependant, la recherche s'est développée depuis de longues années, et de nombreux domaines ont été investis. Enfin, des questions sont pour l'instant sans réponse. On montre par cette revue non exhaustive la diversité des sujets de recherche et leurs multiples applications concrètes.

Le chapitre 5 répond partiellement à la question : qui fait quoi dans le domaine de la sécurité routière ? On insiste particulièrement sur les acteurs publics : les institutions nationales, le ministère de l'Équipement, les acteurs locaux, l'INRETS. On mentionne aussi la diversité des associations et les acteurs de la scène internationale.

Introduction

La sécurité routière, qu'est-ce que c'est ? Si après avoir pris connaissance de cet ouvrage le lecteur avait une réponse à cette question, alors l'objectif des auteurs serait atteint. Que cherchions-nous, en effet, sinon établir les bases d'une « culture générale » en sécurité routière, présenter quelques faits, quelques idées, quelques méthodes pour mieux penser l'insécurité routière, agir plus fermement contre elle.

On peut s'interroger sur l'utilité d'un tel projet : la sécurité routière est une pratique et chaque praticien a son savoir et son savoir-faire particulier : l'ingénieur automobile, l'urbaniste, le policier, le gestionnaire routier, le moniteur de conduite... agissent dans leur domaine de compétence et selon leur spécialité ; à cet égard, on pourrait admettre qu'il y ait « des » sécurité« s » routière« s ».

Cependant, chaque pratique particulière — modifier une infrastructure ou réaliser une campagne d'information, enseigner le Code de la Route ou imaginer un « quartier sans accident » — peut être utilement éclairée par des références venant de domaines diversifiés.

C'est pourquoi l'ouvrage que nous proposons est « généraliste » : sans être un manuel de psychologie, il apporte des informations sur le comportement du conducteur ; ce n'est pas un recueil de statistiques, mais on y trouve des données sur l'accidentologie française et étrangère ; sans être un livre de sciences politiques, il mentionne des faits intéressant la gestion sociale du risque routier. Sans chercher le détail, il brosse un tableau général des questions et des réponses possibles. C'est, finalement, un portrait de la sécurité routière telle qu'elle est — ou telle que nous la voyons — que nous avons essayé de tracer, dans ses multiples dimensions, en évitant de s'enfermer dans une spécialité ou dans telle ou telle terminologie scientifique.

Nous avons cherché à éviter les parti-pris, à mettre entre parenthèses — pour un moment — nos habitudes de pensée, à regarder avec un œil neuf, à observer une attitude critique , à garder une certaine distance avec ce qui se dit et ce qui se fait, ce qui est admis et ce qui est tabou dans ce monde complexe de la sécurité routière.

Tout d'abord, nous avons été frappé par l'étonnant décalage entre les idées et les actes, les principes affichés et les pratiques concrètes qui font de la sécurité routière un domaine d'ambiguïté déroutant. Décalage entre une opinion exprimée, largement favorable à la sécurité, un consensus, dirait-on, et la multiplicité des comportement illégaux observés sur la route, décalage entre les mesures préconisées par les commissions officielles et la réalité des actions entreprises, entre les résultats de la recherche et les besoins du « terrain »... Et nous avons compris que la sécurité routière n'a pas une géométrie nette, mais floue, en mouvement, en contradiction ; que c'est un organisme complexe, parfois insaisissable lorsqu'on vise à le comprendre dans son ensemble.

A la première vision d'ensemble, justement, nous nous sentons submergés par la multiplicité des *faits*. Les statistiques, les expérimentations scientifiques, les observations empiriques, les enquêtes, les compilations sont foison, les synthèses beaucoup plus rares ; la difficulté tient aux faits recueillis qui s'énoncent dans des langages différents, parfois incompatibles, qui obéissent à des règles de construction diverses, à des attitudes scientifiques qui varient selon les points de vue envisagés, les disciplines de référence, les écoles. Quelle image peut-on avoir d'un phénomène qui résulte de l'addition de faits issus de la physique, la médecine, la psychologie, la politologie, l'économie, la statistique...?

Si nous quittons les faits pour la théorie, d'autres difficultés surgissent : nous dépassons rarement le niveau de la taxinomie savante (les descriptions d'accidents, les typologies de conducteurs...) ou de l'empirisme abstrait c'est-à-dire l'habillage scientifique des évidences du sens commun, suffisant, sans doute, pour envisager des actions partielles, mais qui limite notre compréhension du phénomène global. Ces théories sont vieillies, parfois naïves ; elles apparaissent, à quelques exceptions, comme l'adaptation un peu forcée d'idées qui ont eu leur fortune au début du siècle. Elles occupent le terrain faute de mieux. A cet égard, demandons-nous pourquoi le domaine est incapable de susciter des concepts explicatifs puissants : serait-ce inutile ? Les solutions seraient-elles si simples qu'elles ne requièrent nul cadre théorique pour les préparer ?

La multiplicité des résultats partiels et cette absence de concept unificateur, outre qu'elles rendent difficile la lecture et l'assimilation de faits ou de données hétérogènes, ont un défaut beaucoup plus grave : elles ne permettent pas la résolution de ces paradoxes pratiques qui encombrent le « discours » de la sécurité routière et qui font le désespoir des experts. Nous connaissons ce paradoxe obsédant : chaque trajet parcouru sans accident ou incident éloigne la crainte de l'accident, diminue le sentiment du risque encouru et affaiblit la demande de sécurité. Le paradoxe s'enracine sur le fait que, pour chacun d'entre nous, le risque d'accident au kilométrage parcouru est extrêmement faible, ce qui conduit à une « probabilité subjective d'accident », elle aussi, très basse. Ce paradoxe est particulièrement pernicieux dans ses formes particulières. Par exemple : l'alcool tue et l'alcool ne tue pas ; chaque trajet effectué avec un taux d'alcoolémie déconseillé et sans accident s'oppose au fait selon lequel entre 15 et 30 % des accidents mortels sont dus à l'alcool. L'expérience pratique de boire et de conduire répétée affaiblit la portée du fait statistique (« l'objectivité »), lui retire sa substance et l'abaisse à l'état de croyance parmi d'autres. Et que dire au chauffeur de taxi qui, trois fois par nuit, parcourt le trajet Roissy-Paris à 150 km/h ; comment faire cadrer ceci avec l'affirmation selon laquelle la vitesse accroît fréquence et gravité des accidents ?

Ainsi, les faiblesses théoriques et conceptuelles du domaine, l'inconsistance des « modèles » classiques, l'incapacité des théories à prendre en compte les faits du sens commun qui ne cadrent pas avec les hypothèses, rendent difficile la construction d'une vérité admise par tous.

L'enjeu essentiel de la résolution de ces paradoxes est la crédibilité du « discours » sécuritaire : comment être cru ?

Comment dépasser ou intégrer la fatalité du probable et l'incertitude des probabilités ? Il est possible, à cet égard que notre incapacité « culturelle » de penser un fait et son contraire et d'en tirer une conclusion, notre difficulté à accepter le mode de penser « probabiliste », nous empêche de prendre en compte, d'une façon univoque et indiscutable, les risques associés à l'usage d'une voiture automobile. Alors, le discours de la prévention, pour être compris et accepté devrait-il faire appel, plutôt qu'à des faits indécis, à des valeurs morales ou des idéologies, à la certitude du dogme ?

Cela étant, cet ouvrage expose des faits établis selon les régles communes au monde scientifique. Dans le domaine de la sécurité routière, les faits les plus frappants apparaissent souvent dans les tableaux carrés des statisticiens, et c'est dans la lecture de ces tableaux, un peu rébarbative sans doute, que se dessinent les grandes lignes, les dimensions importantes du phénomène et ses aspects frappants ou contradictoires ou paradoxaux. Les statistiques ont un sens lorsqu'elles sont intégrées dans une certaine dialectique, les résultats présentés doivent être lus contradictoirement : énoncer que la mortalité routière représente 2 % de la mortalité globale annuelle en France cache l'ampleur d'un phénomène particulièrement important chez les jeunes : 40 % des décès sont, chez les jeunes, dus aux accidents de la route... ce qui ne signifie pas que les personnes âgées, par rapport aux jeunes, ne sont pas exposées au risque routier : non seulement elles le sont, mais en plus, elles courent d'autres dangers... Ainsi, il ne faut pas voir les tableaux statistiques dans leur singularité, mais dans leur ensemble.

On ne verra pas non plus dans les résultats des enquêtes sociologiques des vérités révélées ni dans les données psychologiques des recettes. Par exemple, pour beaucoup de gens, le risque routier est un risque « moyen », c'est-à-dire qu'ils se sentent plus menacés par d'autres dangers, le risque nucléaire, la maladie, le chômage par exemple ; plutôt que nous décourager, ce fait doit nous amener à modifier l'image du risque routier dans la société et donc à faire de sérieux efforts en matière de communication, il doit nous inciter aussi à multiplier les études pour contrôler sa généralité et son évolution...

Ainsi, on trouvera dans les exemples que nous apportons des indications qui peuvent nous aider à résoudre des problèmes concrets, en conservant bien à l'esprit que ces exemples ne peuvent être appliqués mécaniquement, mais doivent être repris et retravaillés en fonction des situations et des circonstances.

Le but de ce livre est de participer à l'amélioration des actions de sécurité à différents niveaux en présentant ce qui peut être utile à l'appréhension et la compréhension de l'insécurité, en rassemblant des résultats ou des idées qui nous semblent plus décisifs que d'autres et qui, en outre, possèdent un certain degré de généralité et d'universalité. Et d'ailleurs, peut-on, après des décennies de réalisations dans ce domaine, prétendre encore agir par essais et erreurs en contournant l'expérience accumulée ici et là ?

Cet ouvrage est orienté vers l'avenir ; il s'adresse à des formateurs, des responsables, qui ont à cœur d'atténuer les effets négatifs du transport automobile. Il est probable que les leçons des trente dernières années éclaireront la marche à suivre pour les dix ou vingt à venir ; sauf événement imprévisible, le transport automobile n'est pas près de perdre de son importance. Il est utile alors de réaffirmer les options de recherche et d'action qui orientent les pratiques politiques et techniques de sécurité ; il est important de situer ces pratiques dans leur contexte idéologique, politique et scientifique, de manière justement à en saisir les limites pour mieux les dépasser. Ces limites sont le reflet des contradictions de notre société à l'égard de la violence routière, d'engagements moraux et idéologiques parfois opposés, d'intérêts économiques encore trop pesants, de la méconnaissance des enjeux et des risques. Ces limites sont bien souvent de nature institutionnelle ; cependant, nous pouvons les dépasser parce que nous ne sommes pas de purs et simples produits des institutions mais des acteurs persuadés de la nécessité du changement et de l'amélioration des conditions de vie. C'est dans cet esprit que s'établit une progression relative de l'offre de sécurité ; la formation et l'information sont les instruments mêmes de cette progression. Cet ouvrage introductif en est une modeste contribution.

Première partie

L'insécurité routière : un constat

1 Mortalité routière

Les accidents de la circulation dans les causes de mortalité

Les accidents routiers ont une part relativement modeste dans la mortalité annuelle française : moins de 2 % en moyenne, c'est-à-dire environ 10 000 tués pour 500 000 décès annuels [OMS, 1989]. Il s'agit principalement d'une mortalité masculine : pour 70 %, les tués de la route sont des hommes ; cette proportion monte à près de 80 % chez les jeunes de 15 à 24 ans.

Les accidents de la route représentent la deuxième cause de mortalité des jeunes (la première étant les autres accidents) tant chez les hommes que chez les femmes : 41 % des décès des hommes de 15 à 24 ans, 31 % des décès des femmes de la même classe d'âge sont causés par l'insécurité routière.

Enfin, pour cinq tués de la route, un est un jeune homme.

On relève, en outre, en France, dans les accidents, chaque année plus de 50 000 blessés graves et près de 200 000 blessés légers.

La mortalité routière représente un peu moins de 2 % de la mortalité annuelle en France. Cependant, elle est la deuxième cause de décès des jeunes. Il s'agit majoritairement d'une mortalité masculine.

Comparaisons internationales

Ramené au nombre d'habitants, le risque routier est, en France, l'un des plus élevés des pays développés [OCDE, 1991]. Pour 100 000 habitants, on compte 20,5 tués sur la route en France, 9,7 au Royaume-Uni et aux Pays-Bas, 10,7 en Suède, 13 en RFA, 20,7 en Autriche, 31,5 au Portugal.

Le nombre de blessés pour 100 000 habitants nous situe à un meilleur niveau : 304 contre 468 au Royaume-Uni, 556 en RFA, 296 aux Pays-Bas, mais loin derrière le Danemark (193) ou la Suède (212).

Le taux d'accident calculé pour 100 millions de véhicules-kilomètres — qui permet de mesurer le risque routier indépendamment du parc de véhicules et de l'étendue du réseau routier — nous est relativement favorable : 41 en France (c'est-à-dire : un véhicule parcourant 100 millions de kilomètres sera impliqué dans 41 accidents corporels), il est de 78 en RFA, 65 au Royaume-Uni et 44 aux Pays-Bas.

Ainsi, comparée aux autres pays développés, la France se caractérise par des accidents moins fréquents mais cependant plus meurtriers.

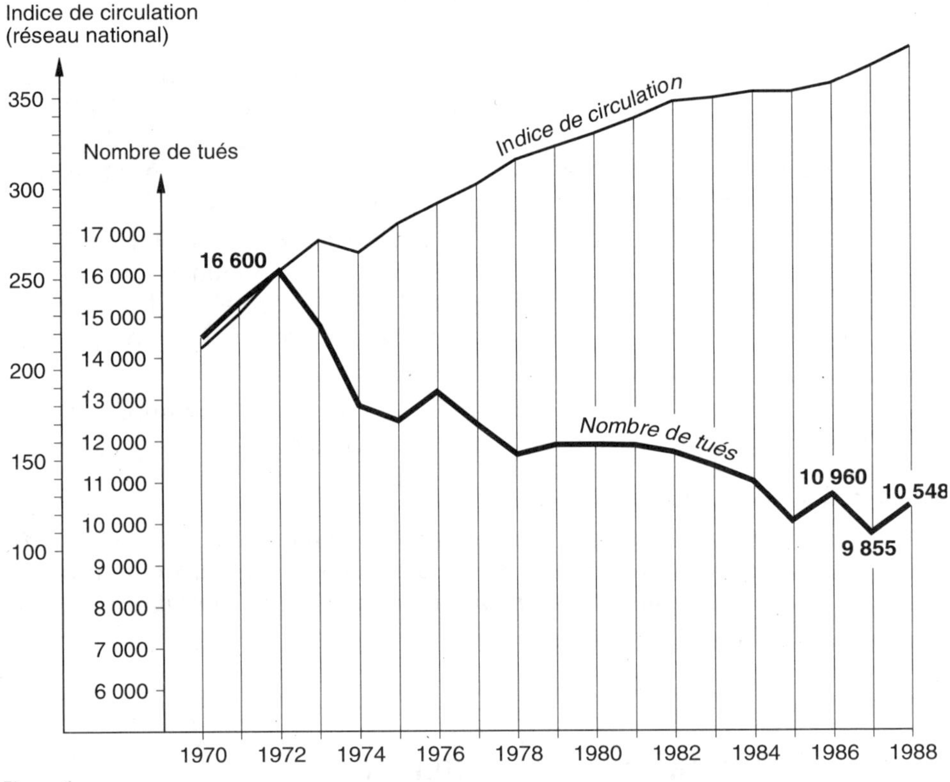

Figure 1 :

Évolution depuis 1970 du nombre annuel de tués dans les accidents de la route et de la circulation sur le réseau national.

(Source : ONSER, 1990).

L'indice de circulation est obtenu par comptage des véhicules sur l'ensemble du territoire. Il représente une moyenne mobile de l'année. La base de 100 pour cet indice a été atteinte en 1960.

Évolutions

L'évolution en France est caractérisée par une forte chute des accidents mortels au cours des années 1973 et 1974, suivie par une décroissance régulière de 1975 à 1985. Pendant la même période l'indice de circulation n'a cessé d'augmenter. On verra dans la troisième partie que l'application des premières grandes mesures réglementaires de sécurité routière (port de la ceinture, limitation de la vitesse, taux légal d'alcoolémie) a permis la diminution observée en 1973 et 1974. Plus récemment, on constate une stabilisation à 10 000 tués environ par an sur le réseau national, alors que le nombre d'accidents corporels est en légère diminution. En conséquence, la gravité des accidents est croissante depuis 1980 : en 1990, on a dénombré en moyenne 6,3 tués pour 100 accidents corporels.

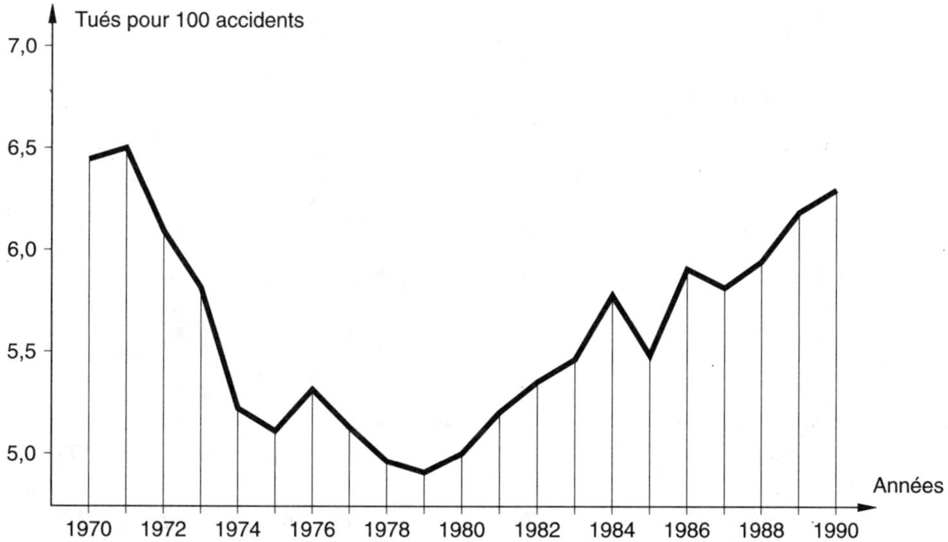

Figure 2 :

Gravité des accidents corporels.

(Source : ONSER, 1990).

De 1965 à 1985, on observe une diminution lente, mais régulière, commune à l'ensemble des pays industrialisés, du nombre de morts par kilomètre parcouru. Chaque année, ce taux diminue de 4 % à 10 % selon les pays. En France, la période faste des années 1972-1976 se traduit par une accélération de cette diminution, compensée les années ultérieures (1977-1980) par une stagnation.

Cette tendance à long terme semble refléter un effet du développement économique et social des sociétés. Des progrès sont régulièrement accomplis en matière de santé, de technologies (route, véhicule). Les habitudes sociales évo-

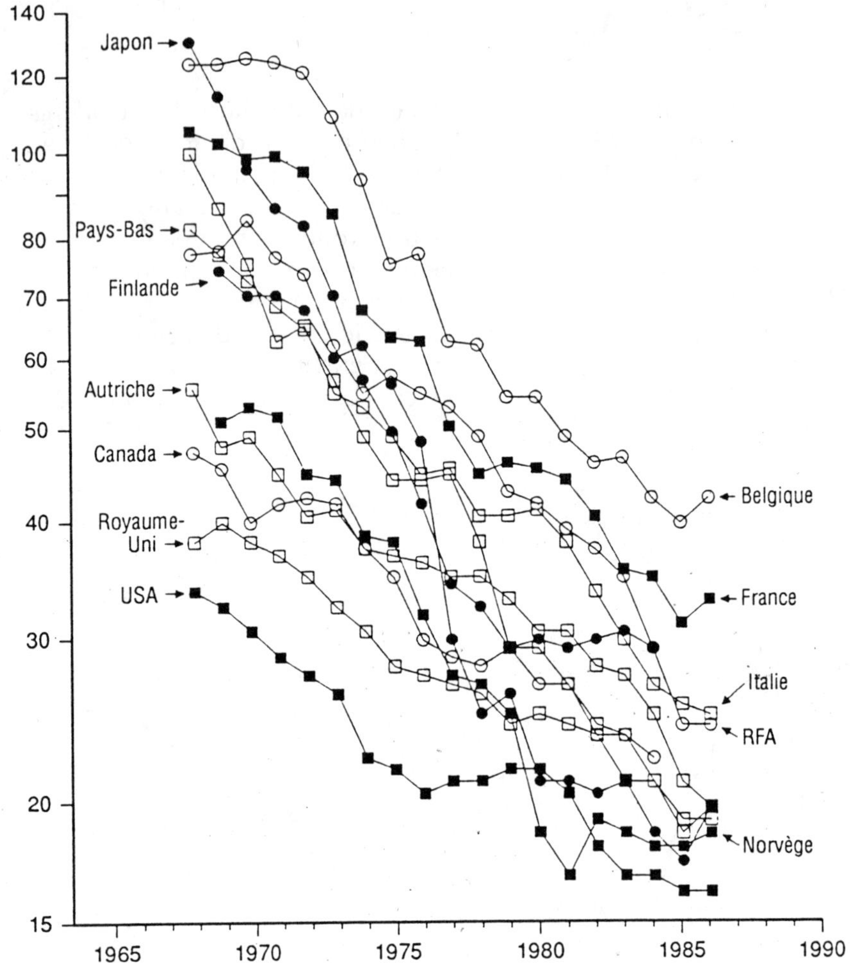

Figure 3 :

Évolution du nombre de morts par milliard de kilomètres parcourus de 1968 à 1986.
(Source : EVANS, 1991).

luent aussi de génération en génération. Désormais, les individus sont confrontés à la réalité de l'automobile dès leur plus jeune âge. En outre, la valeur associée à la voiture s'émousse peut-être au cours du temps : est-elle amenée à être totalement banalisée ?

Enfin, si le risque par kilomètre parcouru diminue, il n'en est pas nécessairement de même du risque par habitant. Ce dernier tient compte en effet de la mobilité de la population, qui ne cesse d'augmenter.

2 Variations et disparités

Usagers et victimes

La population des usagers de la route est diversifiée : automobilistes, conducteurs de véhicules utilitaires, conducteurs de deux-roues ou piétons. Le risque encouru par ces diverses catégories est variable ; certaines tranches d'âge sont particulièrement exposées.

La répartition des victimes par catégories d'usagers sur l'ensemble des réseaux routiers en 1989 était la suivante [DSCR, 1989] :

Tableau I

	Tués		Blessés	
Piétons	1 472	14,0 %	28 339	12,0 %
Deux-roues	2 025	19,2 %	25 247	24,2 %
Voitures de tourisme	6 513	61,9 %	141 006	59,7 %
Véhicules utilitaires et poids lourds	518	4,9 %	9 407	4,0 %
TOTAL	10 528	100 %	235 999	100 %

Les piétons

En 1989, les piétons représentaient 14 % des tués de la route (17 % en 1981). Deux piétons tués sur trois le sont en milieu urbain. Un piéton tué sur deux l'est de nuit ; hors agglomération, les accidents mortels de piétons ont lieu la nuit.

Les deux-roues

Les cyclistes comptent pour 4 % du nombre total des tués ; un sur deux est tué en ville.

Les accidents mortels de cyclomoteurs causent 7 % des tués. Si les accidents se produisent principalement en ville, le nombre de tués en ville et hors agglomération est sensiblement le même : les accidents en rase campagne sont sept fois plus graves que les accidents urbains. Plus du tiers des cyclomotoristes tués sont âgés de 15 à 19 ans.

Les accidents mortels impliquant les motocyclistes se répartissent de façon égale entre le milieu urbain et la rase campagne. La gravité des accidents est quatre fois plus élevée en rase campagne. Les victimes dans cette catégorie d'usagers sont presque exclusivement des jeunes. En effet, un motocycliste tué sur 5 a moins de 20 ans, 4 sur 10 ont entre 20 et 24 ans, et plus de 9 sur 10 ont moins de 35 ans [ONSER, 1989].

Les automobilistes

Les automobilistes représentent plus de 60 % des blessés et tués sur la route, cette catégorie d'usagers est donc particulièrement exposée et se caractérise par sa grande disparité.

Globalement, le risque d'avoir un accident par kilomètre parcouru est plus faible pour les femmes que pour les hommes ; il est particulièrement élevé chez les jeunes hommes.

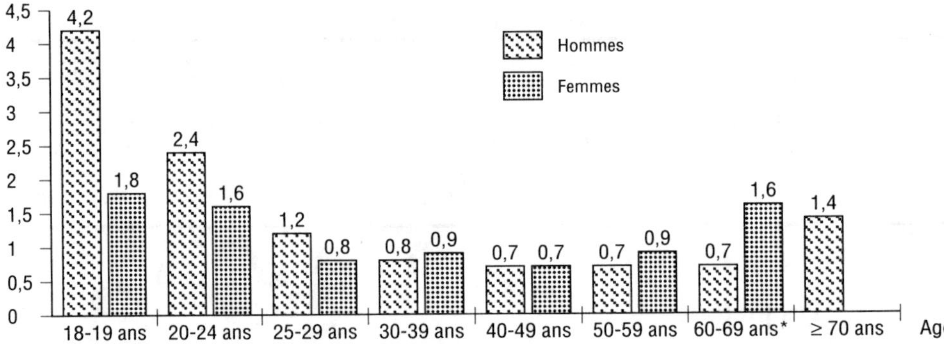

** Pour les conductrices, les deux dernières classes ont été regroupées.*

Figure 4 :

Risque relatif d'être accidenté par kilomètre parcouru. (Le risque est égal à 1 pour l'ensemble de la population des femmes d'une part, des hommes d'autre part).
(Source : FONTAINE, 1988).

Les femmes constituent près de 40 % de l'ensemble des conducteurs et leur répartition en classes d'âge n'est pas la même que celle des hommes : elles sont majoritaires jusqu'à 50 ans, mais il y a deux fois plus de conducteurs de plus de 50 ans que de conductrices. Précisons aussi qu'elles font des trajets plus courts que les hommes à des vitesses moyennes plus faibles.

Les études concernant le risque relatif d'implication dans un accident sont unanimes en ce qui concerne le risque élevé des jeunes conducteurs (moins de 25 ans) et le sont moins pour fixer la valeur du surrisque des classes d'âges élevées (plus de 65 ans).

Il semble établi que le surrisque des jeunes conducteurs est plus élevé encore pour les accidents impliquant un seul véhicule. Quant aux conducteurs âgés, ils présentent un risque plus élevé d'implication dans les accidents d'intersection.

14 % du total des victimes de la route en 1989 sont des piétons, on compte environ 1 500 piétons tués par an depuis 1985. Ce phénomène est typiquement urbain.

Les cyclistes représentent 4 % du nombre des tués ; un sur deux est tué en ville. Les deux-roues à moteur comptent pour 15 % des tués ; la gravité des accidents, dans lesquels ils sont impliqués, est beaucoup plus élevée en rase campagne.

Les automobilistes représentent plus de 60 % des tués ; le risque d'accident par kilomètre parcouru est plus faible chez les femmes que chez les hommes et est particulièrement élevé chez les jeunes conducteurs.

Des véhicules inégalement protégés

Les caractéristiques techniques : masse, vitesse, distance d'arrêt, déformabilité au choc, capacités de freinage, puissance... sont très différentes selon les véhicules, y compris parmi les 26 millions de voitures particulières ou commerciales. Ces différences techniques induisent des différentiels de risque.

Par ailleurs, le degré de protection interne et l'agressivité externe des voitures sont variables : les véhicules de plus faible masse sont ceux qui offrent une plus grande vulnérabilité interne et, à l'inverse, les véhicules les plus lourds sont les mieux protégés à l'intérieur et les plus agressifs pour l'extérieur [FONTAINE et *al.*, 1990].

Selon le critère « vitesse de pointe », on retrouve des résultats analogues dans la mesure où celle-ci est fortement corrélée à la masse pour les véhicules « haut de gamme ». Ces résultats mettent aussi en évidence le comportement dangereux des véhicules légers et très rapides.

L'effet protecteur de la masse apparaît dans la comparaison des résultats d'une même catégorie de vitesse de pointe (supérieure à 160 km/h) pour des masses différentes (supérieure ou inférieure à 900 kg) : la gravité interne est près de deux fois plus forte dans les véhicules les plus légers.

Les voitures protègent différemment leurs occupants et sont diversement agressives pour les autres usagers.

Risque et infrastructures routières

Les taux d'accidents constatés sur les différents types d'infrastructure sont variables. En effet, les infrastructures routières ont des caractéristiques diverses de qualité, de géométrie et d'environnement. Elles sont aussi utilisées à des fins différentes et par des usagers aux comportements variables. Le *Livre blanc* de la Sécurité routière estime que globalement :

Exprimé en nombre de tués au kilomètre parcouru, le risque est quatre fois plus faible sur autoroute que sur les routes ordinaires.

Les voies non autoroutières ont un risque plus élevé, dû notamment aux intersections, à l'absence de séparation des flux de circulation, et à la présence d'obstacles fixes rigides.

Les évolutions du nombre de tués au kilomètre sur autoroutes et routes nationales figurées sur la figure 5 sont parallèles. Elles s'alignent sur l'évolution globale présentée sur la figure 1. La réduction progressive de la mortalité sur autoroutes de 1975 à 1987 — division par deux du risque en 17 ans — est attribuée par le *Livre blanc* à :

– l'apprentissage de la conduite sur autoroute ;

– l'évolution de la densité de circulation. Une circulation dense est un facteur d'abaissement de la vitesse et du risque autoroutier.

Sur les routes nationales, la réduction progressive de la mortalité est attribuée à l'ensemble des aménagements techniques (profils, carrefours, abords) réalisés ces quinze dernières années.

Enfin, les données concernant les routes départementales et les voies communales sont peu nombreuses et partielles. C'est pourquoi elles ne figurent pas ici.

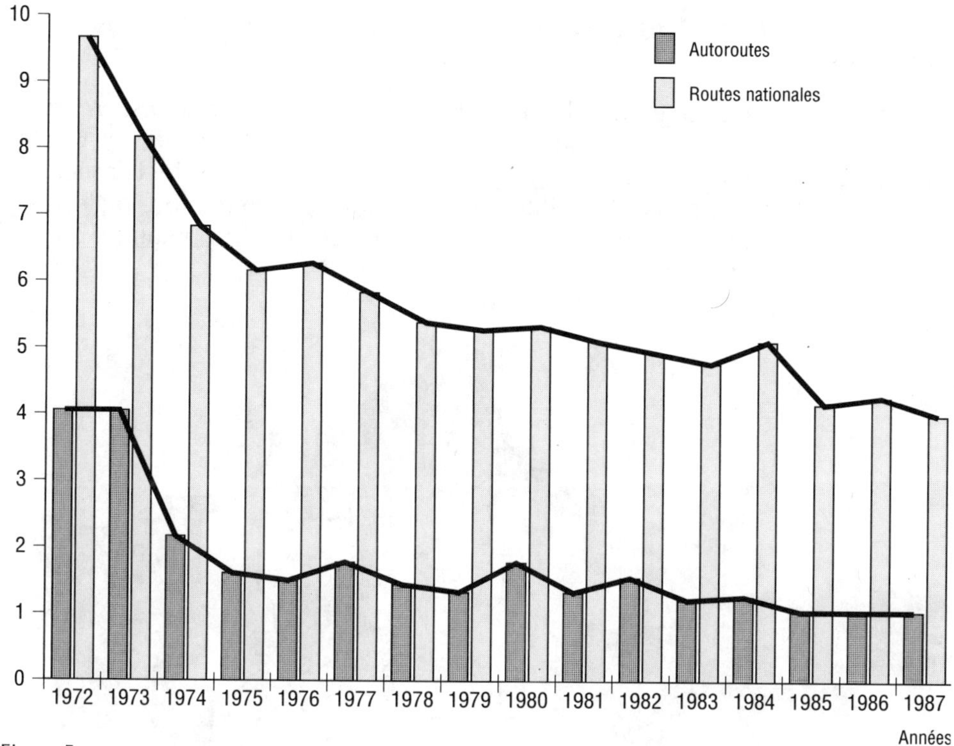

Figure 5 :

Risque et infrastructure.
(Source : DSCR, 1989).

Nota : risque = nombre de tués pour 100 millions de kilomètres parcourus.

Figure 6 :

Taux moyen de tués par kilomètre, pour 100 millions de véhicules , en fonction de la catégorie de voie.
(Source : DSCR, 1989).

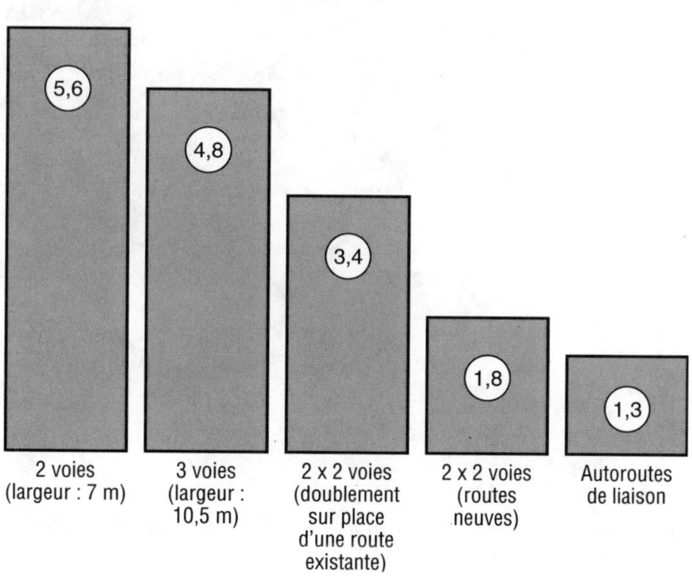

Les conditions de circulation

L'environnement spatio-temporel dans lequel évolue le conducteur est empreint d'une grande hétérogénéité selon les sites géographiques traversés, les conditions climatiques rencontrées et la période de déplacement choisie. L'insécurité routière résulte donc de la variabilité des conditions de circulation, mais aussi de leur interdépendance (montagne, zone à faible densité de population, conditions météorologiques difficiles etc.).

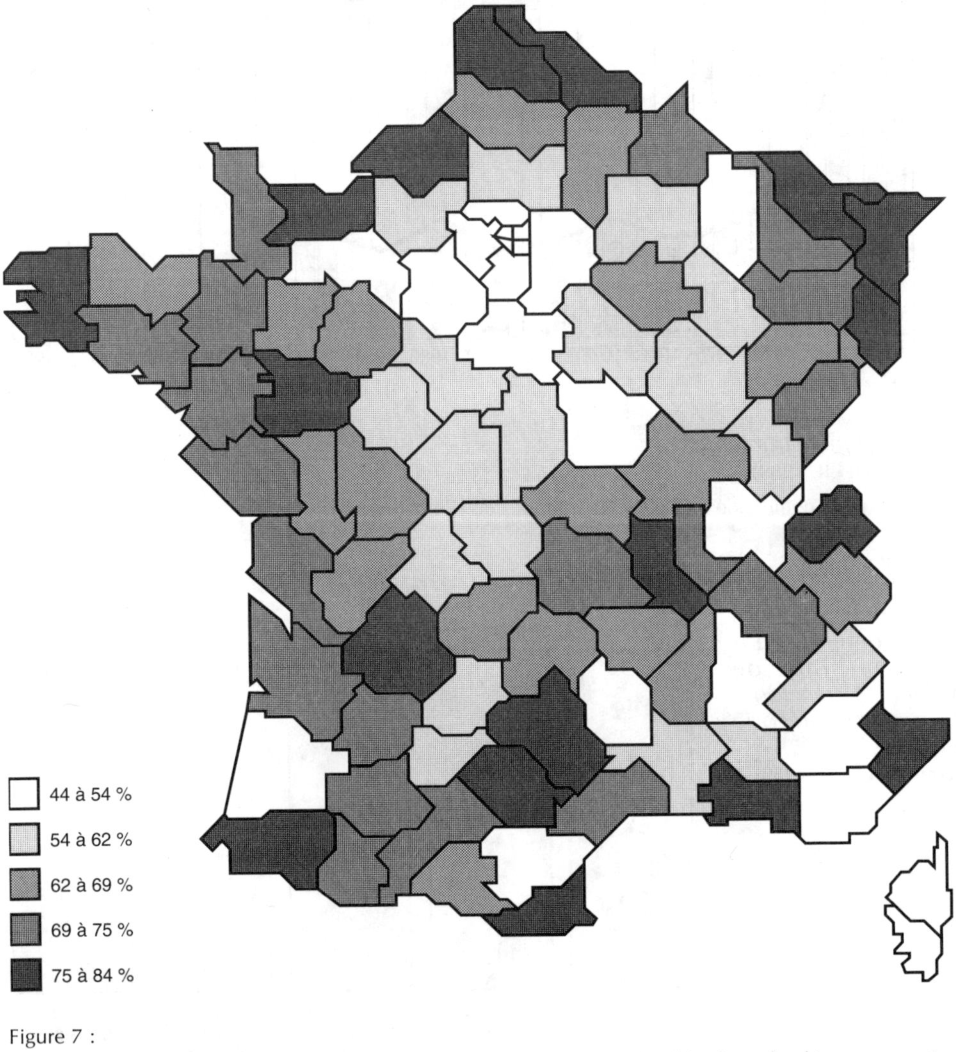

Figure 7 :
Proportion de morts accidentelles locales (usagers immatriculés dans le département).
(Source : DSCR, 1989).

Le site géographique

La répartition des accidents de la circulation en France n'est pas homogène. Les variations observées d'un département à l'autre mettent en évidence les facteurs de risque suivants :
- densité de la population,
- relief,
- comportements locaux.

Densité de la population

Le facteur le plus important, susceptible d'expliquer les différences locales du taux de mortalité, est la densité de la population dans le département.

Une forte densité s'accompagne de faibles taux de mortalité, une densité faible de taux de mortalité élevés.

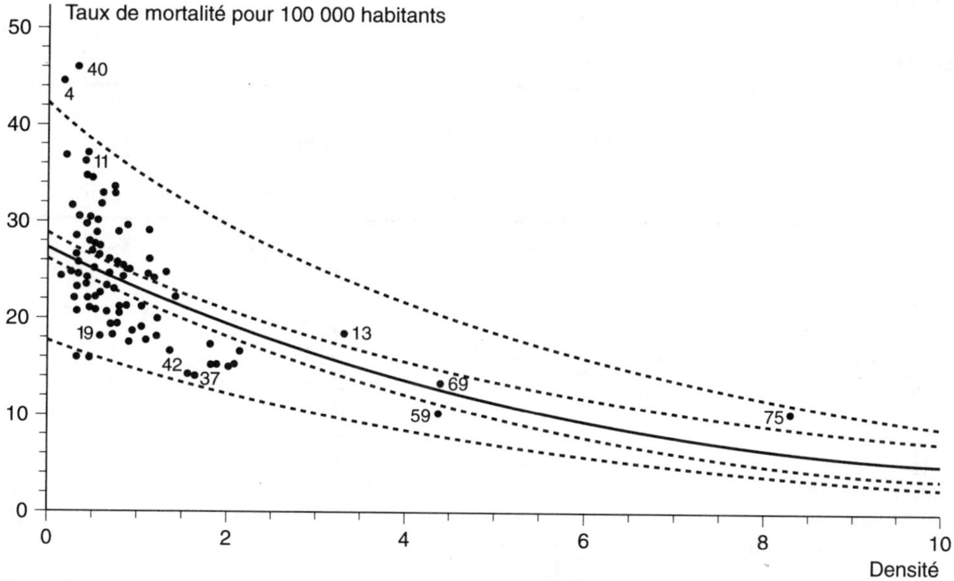

Figure 8 :

Lien entre le taux de mortalité départemental (incluant les usagers étrangers au département) et la densité de la population.
(Source : DSCR, 1989).

Le désert français

La constatation suivante permet d'atténuer légèrement la comparaison internationale faite en pages 21-22. La France est en effet « un désert » si on la compare à l'Allemagne, la Grande-Bretagne ou aux Pays-Bas en termes de degré d'urbanisation. Ainsi, l'étendue de la rase campagne en France avec son taux de mortalité élevé vient alourdir le bilan national. La similarité des pourcentages d'accidents corporels ayant lieu en agglomération place la France dans une position internationale plus confortable (Tableau II).

Le relief

Le risque semble plus faible dans les départements montagneux (Massif central), à l'exception des départements traversés par les sillons alpins (Hautes-Alpes, Savoie, Haute-Savoie...).

Tableau II :
Pourcentage d'accidents corporels en agglomération en 1988.
(Source : IRF, 1990).

RFA	Pays-Bas	France	G.-B	U.S.A
66	71	72	72	69

Tableau III :
Mortalité régionale (en 1987).
(Source : SETRA *in* [DSCR, 1989]).

Régions	Tués et blessés graves pour 1 000 habitants	Tués et blessés graves pour 100 accidents	Tués pour 100 accidents
Alsace	1,076	39,2	5,8
Aquitaine	1,512	41,6	6,5
Auvergne	1,432	44,1	7,5
Basse-Normandie	1,310	53,1	7,8
Bourgogne	**1,704**	54,4	9,2
Bretagne	1,102	56,6	8,9
Centre	1,512	46,6	8,4
Champagne	1,379	42,5	6,8
Corse	**2,742**	51,9	4,7
Franche-Comté	1,395	49,0	6,0
Haute-Normandie	1,431	43,1	5,7
Languedoc-Roussillon	**1,820**	50,1	7,4
Limousin	1,346	42,9	5,6
Lorraine	1,295	49,9	6,4
Midi-Pyrénées	1,445	40,3	6,3
Nord	0,834	39,2	5,3
Pays de la Loire	1,274	51,7	8,4
Picardie	1,311	53,8	8,6
Poitou-Charente	1,447	49,1	7,9
Provence-Alpes-Côte d'Azur	1,493	27,8	3,8
Ile-de-France	0,644	19,3	2,7
Rhône-Alpes	1,597	55,0	6,5
Moyenne	1,247	39,6	5,8

Les comportements locaux

Le tableau III semble montrer que le risque augmente quand la latitude décroît, au moins en ce qui concerne les taux de blessés graves et tués par habitants. Cette différence pourrait traduire une vision schématique d'une France du Nord utilisant plus la ceinture de sécurité, plus respectueuse des règles en l'absence d'alcoolisation, et d'une France du Sud ayant une conduite plus « sportive », moins respectueuse des règles, mais moins fréquemment sous l'influence de l'alcool.

Les conditions climatiques

D'après la revue d'information sur les comptes rendus d'accidents routiers aux États-Unis, les accidents ayant lieu en dehors des conditions normales météorologiques représentent moins de 20 % de l'ensemble des accidents en 1988. Parmi ceux-ci, les accidents par temps de pluie représentent 71 %.

En fait, il semble que la majorité des accidents surviennent sous des conditions météorologiques normales.

La période et l'heure du déplacement

L'heure du déplacement

Le risque est très élevé dans les premières heures de la journée : 0-4 h (c'est-à-dire en période nocturne). Il reste cependant très lié au motif du déplacement.

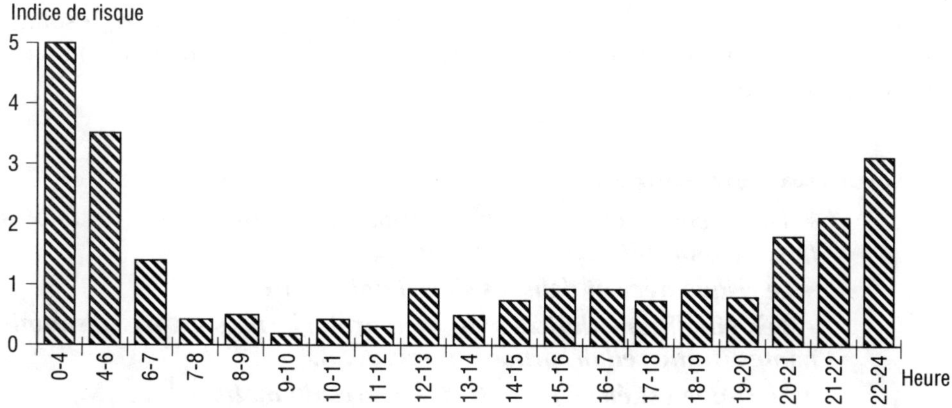

Figure 9 :

Risque d'implication dans les accidents mortels en fonction de l'heure (avant élimination de l'influence parasite du motif).

(Source : BRENAC, 1989).

Le jour du déplacement

Les dimanches et les samedis sont des jours noirs, ainsi que les jours et veilles de fêtes.

Tableau IV :
Décédés, en 1987.
(Source : AGSAA, 1988).

Lundi [1]	Mardi	Mercredi	Jeudi	Vendredi	Samedi [2]	Dimanche [3]
1 078	1 056	1 144	1 043	1 343	1 965	2 226

(1) Lundi et lendemains de fête
(2) Samedi et veilles de fête
(3) Dimanche et jours de fête

Ce tableau montre un écart du simple au double entre les lundi, mardi, mercredi, jeudi, jours de risque minimum, et le dimanche jour de risque maximal.

Il est à noter que ce facteur, de 2 environ, est nettement moins important que le facteur multiplicatif mis en évidence pour l'heure.

Le mois du déplacement

Le profil de l'année 1987 montre que le risque des mois de janvier à avril semble plus faible que le risque des mois suivants. Ce risque s'accroît brutalement jusqu'au mois de juillet, pour rester à peu près constant sur la deuxième partie de l'année. Toutefois, on observe sur une longue période que les résultats les plus élevés sont habituellement enregistrés en juillet-août ; puis pendant les mois de juin, octobre et décembre.

- ***Une densité élevée de population est accompagnée de faibles taux de mortalité et inversement.***
- ***Le risque décroît dans les sites montagneux.***
- ***Les conditions difficiles de météorologie ne sont pas discriminantes (trafic réduit, prudence accrue...).***
- ***Le risque est élevé entre 0 et 4 heures du matin.***
- ***Les samedi et dimanche sont des jours noirs.***
- ***Le risque est accru dans la deuxième moitié de l'année.***

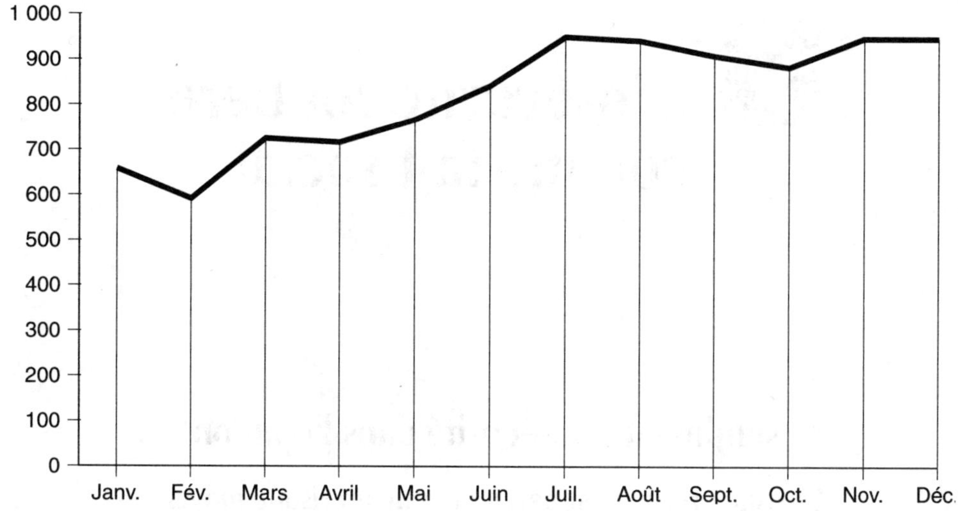

Figure 10 :

Nombre de décédés par mois, en 1987.

(Source : AGSAA, 1988).

3 L'insécurité routière comme fait social

Le sentiment d'insécurité dans l'opinion

Le risque routier est perçu comme un risque moyen

Chaque individu élabore sa perception du risque, non seulement à partir de son expérience directe éventuelle du dommage associé au risque ou de la connaissance de la réalité des dangers, mais surtout en fonction d'influences collectives. En effet, les victimes et les experts constituent pour chaque danger des groupes minoritaires.

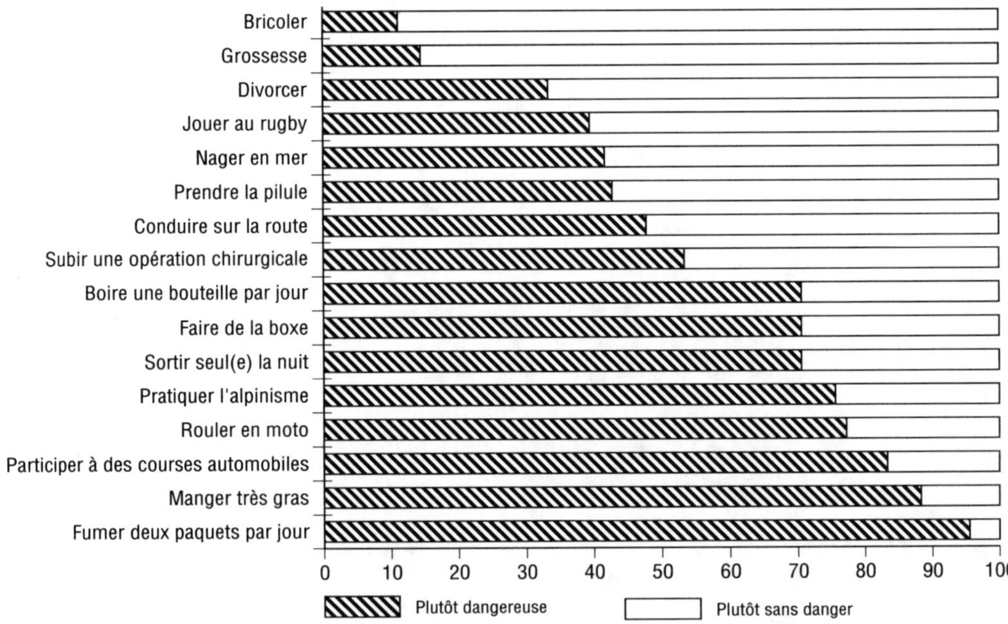

Figure 11 :

Histogramme des réponses à la question : « Pouvez-vous me dire dans quelle mesure chacune de ces activités vous semble "plutôt sans danger" ou "plutôt dangereuse" ? » (Source : BARJONET et CAUZARD, 1987).

Par exemple, on peut considérer que les opinions négatives concernant le tabagisme résultent essentiellement des campagnes anti-tabac et de la très forte crainte dans nos sociétés des maladies pulmonaires et cardio-vasculaires, plutôt que de l'expérience directe des dommages que peut produire l'abus de tabac. En effet, près de deux tiers des gens ne fument pas.

Ainsi, la figure 11 ne reflète pas la réalité de l'échelle des activités dangereuses, mais bien la représentation que la collectivité s'en fait.

Le risque routier se situe à peu près au milieu de l'échelle. En effet, 47 % des gens considèrent que conduire sur la route est une activité plutôt dangereuse.

On peut noter cependant que, en termes de sujets d'inquiétude, l'accident de la route tient la deuxième place après la maladie grave dans une échelle proposée par le CREDOC.

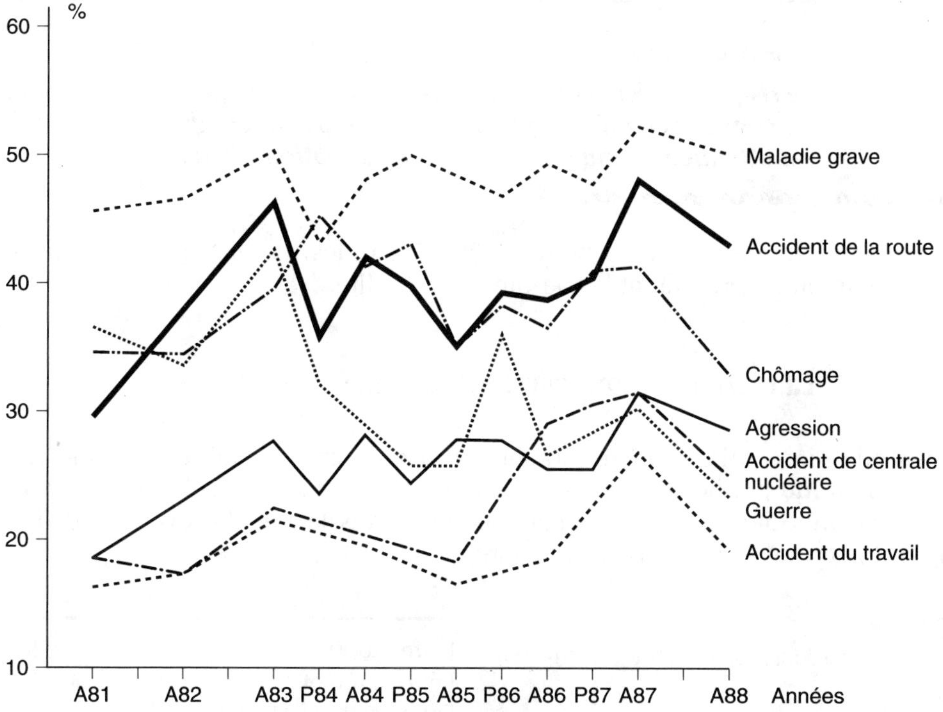

Figure 12 :

Evolution de l'inquiétude selon différents risques (en % des réponses « beaucoup »).
(Source : CREDOC *in* [DSCR, 1989]).

Enfin, la peur de l'accident s'atténue lorsque l'usager se trouve en situation réelle. 16 % des personnes interrogées déclarent avoir souvent peur au volant de leur voiture.

Tableau V :

Question : « *Vous arrive-t-il d'avoir peur très souvent, assez souvent, rarement ou jamais ?* »

(Source : Fondation des sciences politiques, 1988, *in* [DSCR, 1989]).

	Très souvent	Assez souvent	Rarement	Jamais	Ne sait pas	Total
Quand vous conduisez	2	14	34	24	26	100
Quand vous traversez les rues ou que vous marchez au bord des routes	7	28	36	28	1	100
Quand vous êtes passager dans une voiture	13	33	34	18	2	100

Le risque routier semble avoir une position ambiguë dans l'opinion. La conscience diffuse du danger causé par la conduite automobile est atténuée quand l'individu est en situation réelle.

Certains facteurs explicatifs peuvent être identifiés, comme par exemple la contrainte que représentent les besoins de mobilité.

La mortalité routière est mal connue

Bien que l'insécurité routière inquiète, le risque objectif était en 1988 encore mal connu du public. A la question du nombre de tués annuels sur les routes, une personne interrogée sur quatre se situe dans la tranche exacte (10 000-12 500) et une sur six ne peut répondre.

Tableau VI

(Source : Infométrie, 1988, *in* [DSCR, 1989]).

Entre 5 000 et 7 500	9,2 %
Entre 7 500 et 10 000	17,5 %
Entre 10 000 et 12 500	28,3 %
Entre 12 500 et 15 000	15,0 %
Entre 15 000 et 17 500	8,2 %
Plus de 17 500	6,5 %
Ne savent pas	15,4 %

« Ainsi, tout porte à penser que le nombre des handicapés de la route serait encore plus mal connu » [DSCR, 1989].

La demande sociale de sécurité

Une étude des « besoins de mobilité et de la demande de sécurité » [BARJONET et CAUZARD, 1982] a permis de mettre en évidence la façon dont s'exprimaient les attentes en matière de sécurité routière. Elle a été menée auprès des partis politiques et syndicats, et de nombreux mouvements et associations ; elle s'interrogeait sur l'absence, en France, de mouvement de sécurité routière comme il y a des mouvements consuméristes ou écologistes.

Les tendances qu'elle a dégagées sont les suivantes :

Les partis politiques et la sécurité routière

Un consensus se dégage au sein des partis politiques sur le fait que la sécurité routière ne représente pas un enjeu assez important au point d'être un thème électoral. La sécurité routière est, en général, classée dans le domaine administratif et réglementaire.

Cependant, l'automobile et sa place par rapport aux autres modes de transports font l'objet de discours politiques. Les enjeux économiques (la production automobile : source de revenus et d'emplois) et sociaux (l'automobile : symbole de la liberté individuelle) sont alors privilégiés.

Les syndicats et la sécurité routière

Les syndicats ont pour rôle traditionnel de défendre les salariés et d'améliorer leurs conditions de vie sur leurs lieux de travail. Ils ne sont pas historiquement adaptés à la défense de la qualité de la vie quotidienne.

Ainsi, la sécurité routière, même si elle est l'objet de déclarations syndicales, n'est pas une priorité. Elle est même parfois mise en contradiction avec la défense de l'emploi et le maintien de la croissance dans le secteur automobile.

On peut noter cependant que la mobilisation des travailleurs peut se faire sur des problèmes précis comme la sécurité du trajet domicile-travail, ou au sein de groupes particuliers comme les chauffeurs routiers.

Les mouvements de consommateurs et la sécurité routière

Ces mouvements s'inscrivent dans le cadre des luttes entre producteurs et consommateurs. Ils dénoncent les abus sur des produits « sécurité » ou des pressions économiques allant à l'encontre de la sécurité.

« Ceux qui croient à l'automobile » et la sécurité routière

Ils sont organisés en clubs et visent la défense des intérêts et du confort des automobilistes, ainsi qu'à la constitution d'une force sociale représentative. Le principe directeur de leur action semble être la restitution aux automobilistes de la responsabilité de leur propre comportement. Ceci n'est pas toujours compatible avec une amélioration de la sécurité routière.

Les mouvements revendicatifs et la sécurité routière

Ces mouvements mènent des actions directement axées sur la sécurité routière. Très souvent, ils se caractérisent par la contestation de l'action ou des thèses publiques.

Bien que ces tendances aient été étudiées en 1982 et que certaines attitudes aient évolué depuis, on constate que :

– il existe un grand nombre de groupes sociaux portant un intérêt à la sécurité routière, ce qui traduit une demande de sécurité de la part du grand public ;

– cependant, encore maintenant, il n'y a pas de mouvement important ayant une forte audience, avec comme objectif principal et prioritaire la lutte pour la vie sur le réseau routier.

Deuxième partie

Les causes de l'insécurité et les facteurs du risque

1 L'automobilisme

L'automobile : enjeu industriel et économique

La production automobile en France se partage entre deux grandes firmes : PSA Peugeot-Citroën et Renault, respectivement au sixième et septième rang mondial en 1987.

Le chiffre d'affaires réalisé en 1987 par la construction automobile était de 256 milliards de francs. 376 500 personnes étaient employées en 1990 dans le secteur automobile, y compris pièces détachées et pneumatiques (Source : Comptes nationaux, INSEE). L'impact de l'industrie automobile sur l'économie du pays est important, sans compter les enjeux industriels associés à telle ou telle norme technique développée par les firmes (moteur propre, pot catalytique...).

De plus, la France, quatrième producteur mondial de voitures particulières derrière le Japon, les Etats-Unis et l'Allemagne doit tenir compte de ce domaine d'activité économique, soumis à la concurrence internationale, et ne possède pas la liberté d'action en matière de sécurité routière d'un pays sans industrie automobile.

Une motorisation croissante

Avec 22 millions de voitures particulières, 4 millions de véhicules utilitaires et poids-lourds, la circulation automobile en France est devenue un phénomène de masse qui touche 33 millions de conducteurs quotidiens ou occasionnels.

D'ores et déjà, une personne active consacre au transport en voiture le quart du temps qu'elle occupe à son travail, et ce phénomène continue de s'étendre avec le développement de la multimotorisation et la croissance du trafic. Par ailleurs, le maintien relatif de la croissance économique, qui assure aux ménages des revenus en augmentation, facilite l'accroissement du parc et de la multimotorisation comme l'indiquent les graphiques suivants.

Figure 1 :

Proportion (en %) de ménages possédant au moins une automobile suivant la catégorie socio-professionnelle de la personne de référence de 1960 à 1985.
(Source : INSEE).

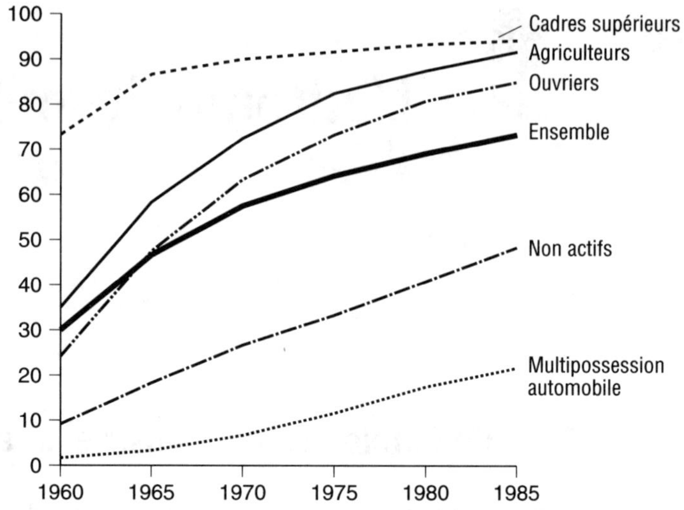

Figure 2 :

Nombre moyen de voitures du ménage en fonction de son revenu.
(Source :
Parc Auto SOFRES, décembre 1987).

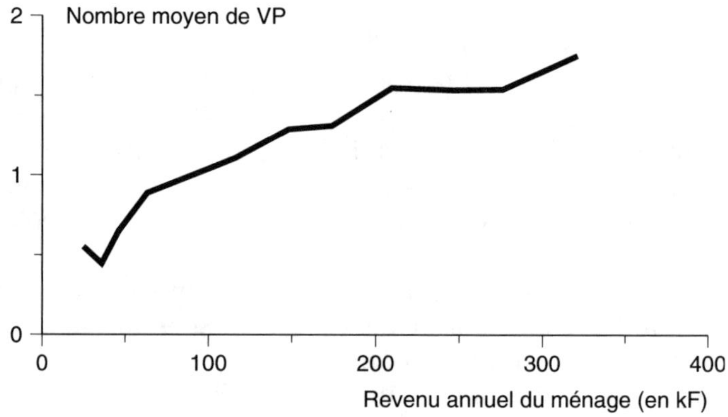

Enfin la voiture, voire la deuxième voiture, s'impose de plus en plus pour assurer le bon fonctionnement des déplacements des ménages dans un contexte temporellement tendu : trajet domicile-travail, accompagnement d'enfants à la crèche ou chez la nourrice, courses etc. D'ailleurs, l'utilisation majeure de la voiture n'est pas aux grandes liaisons, mais se concentre sur des trajets moyens de 5 kilomètres pour une durée d'emploi de 4 à 5 minutes.

L'augmentation du niveau de vie et les contraintes journalières de déplacements divers et rapides engendrent une croissance constante du parc automobile.

Un espace restructuré

Le développement périurbain, mutation spatiale majeure de ces quinze dernières années, engendre une véritable explosion des espaces du quotidien, et devient, par là, la cause majeure de l'accroissement du parc automobile.

En effet, les villes-centres et les proches banlieues se dépeuplent au profit des communes situées dans une couronne de 10 à 40 km autour du centre des grandes agglomérations.

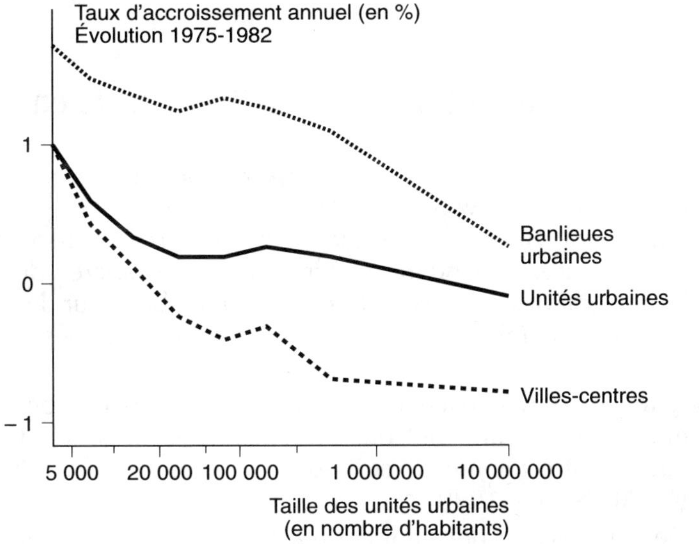

Figure 3 :
La population des banlieues augmente, les villes-centres se dépeuplent.
(Source : INSEE).

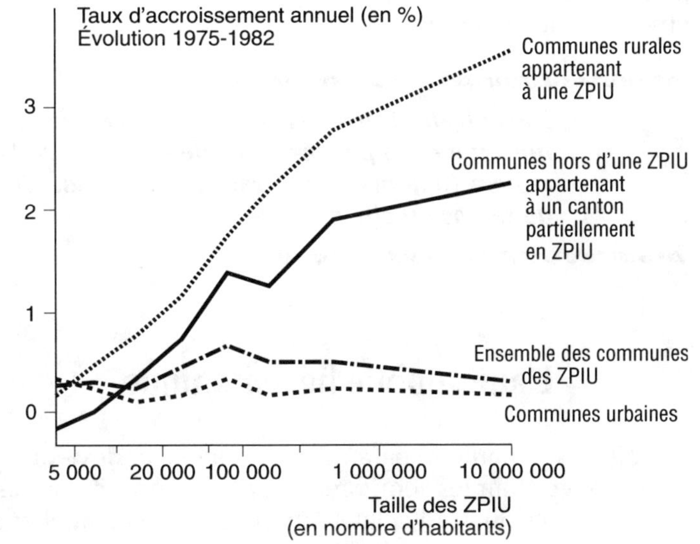

Figure 4 :
Les communes rurales appartenant à une ZPIU ont la croissance la plus forte.
(Source : INSEE).

ZPIU : Zone de peuplement industriel et urbain.

Cette recherche de qualité en matière de logement en périphérie d'agglomération, alliée à la pénétration de l'économie au cœur des grandes cités — secteur tertiaire principalement — implique la présence toujours croissante de l'automobile, voire de la multimotorisation.

La baisse de densité du tissu résidentiel et son éloignement du centre de commande économique engendrent de nouveaux déplacements.

La voiture face aux transports en commun

Les années soixante-dix virent l'essor important des transports collectifs : métro (Lille, Marseille, Lyon), RER (Paris), ce qui permit l'irrigation des centres villes, la création de villes nouvelles, la concentration grandissante du secteur scolaire et universitaire. Cependant, malgré l'idée bien ancrée de « droit au transport », l'extension des réseaux de transport public butte sur des limites de rentabilité et de faisabilité (absorption des heures de pointe, zones à faible densité de population).

Actuellement, à l'exception des grandes agglomérations, les transports en commun jouent avant tout un rôle social permettant à des populations n'ayant aucun autre moyen de se déplacer de réaliser leurs programmes d'activités [CHAIGNEAU, 1990].

De plus, les transports publics n'assurent pas la même qualité et surtout la même performance que le déplacement en voiture : fréquence de passage, desserte, changements, saturation.

L'avenir des transports collectifs face à la voiture repose sur l'amélioration de la performance de ses réseaux. En attendant, la voiture restera toujours très attractive par sa souplesse d'emploi et le gain de temps qu'elle procure.

L'automobile hégémonique

La voiture fait partie intégrante de la société et devient indispensable pour faire face aux contraintes temporelles de la vie quotidienne et aux nécessités de déplacements dues à l'éclatement du tissu résidentiel et à la concentration des activités économiques. Même les « grandes peurs » sociétales liées à l'usage de l'automobile : pollution et insécurité, se sont considérablement atténuées avec l'intervention de l'État, des industriels et du marketing.

Ce regain de confiance pour l'industrie automobile se traduit par un enthousiasme nouveau pour les routes et autoroutes : nouvelles autoroutes urbaines, tunnels routiers en zone dense, conception et réalisation soignées des tracés routiers, qui suscitent parfois des interventions de très haut niveau. Grâce aux réels efforts entrepris, la technique routière et la technique automobile donnent actuellement une image positive, qui cependant ne doit pas cacher l'insécurité inhérente à ce type de transport.

Sans aucun doute le Président Pompidou avait formulé l'essentiel en disant que les Français « aiment la bagnole ».

Le problème actuel est désormais de minimiser l'insécurité routière dans une société de motorisation et de mobilité automobile encouragée par tous les acteurs sociaux.

Malgré les améliorations techniques la voiture, privilégiée par l'organisation socio-économique, partie intégrante de la société, est toujours facteur d'insécurité.

2 La prise de risque

La perception d'un risque accidentel : le risque routier

La perception du risque

Les individus trouvent dans la perception du risque routier les mêmes difficultés que pour l'évaluation d'un risque quelconque. L'idéal voudrait que chaque individu évalue les risques à leur niveau objectif. En fait, on observe un grand nombre de distorsions dues notamment :

– à la nature du risque (accidents, actes violents, catastrophes technologiques, maladies) ;

– à l'exposition au risque (volontaire ou involontaire) ;

– aux conséquences du risque (mort immédiate, mort d'un individu puis d'un autre, ou mort d'un très grand nombre à la fois) ;

– aux influences socio-culturelles.

On comprend donc que [ASSAILLY, 1990] :

> ***« Les risques n'existent pas indépendamment d'une construction sociale ; il s'opère, en quelque sorte, une « sélection culturelle » du risque, dépendante des variations de la structure sociale : certains dangers vont être privilégiés, d'autres ignorés ».***

Les distorsions dans la perception du risque routier

Comme on l'a vu, le risque routier est mal connu. Par ailleurs, certains facteurs font que l'individu s'écarte des normes statistiques.

La faible probabilité d'accident par individu

La probabilité qu'un individu soit victime d'un accident de la route est extrêmement faible. « En cinquante ans de conduite, un conducteur a une chance sur quatre d'être impliqué dans un accident corporel, une sur sept d'être blessé légèrement, une sur vingt d'être blessé gravement ou tué » [COLOMB, 1990]. On peut faire l'hypothèse « qu'un effet de seuil se fasse sentir et qu'une telle probabilité ne soit plus perçue comme.. une probabilité » [ASSAILLY, 1990]. Ainsi, l'accident apparaît souvent comme un phénomène éclaté ne prenant sa signification sociale qu'en termes statistiques. La probabilité subjective de l'accident est donc souvent considérée comme nulle ou quasi-nulle.

Deux sentiments peuvent naître de cet état de fait : la croyance en l'auto-sauvegarde ou le sentiment que l'on peut échapper au risque routier. L'idée d'être la cause ou la victime d'un accident est alors écartée. Ceci est résumé par le bien connu « ça n'arrive qu'aux autres ! ».

A l'opposé, un sentiment d'impuissance peut s'installer. Le risque, si aléatoire, est alors accepté tel quel et considéré comme non maîtrisable. Dans ce cas, l'individu ne tiendra pas compte dans son comportement des éléments de lutte contre ce danger.

Le phénomène d'« ancrage »

Une autre distorsion vient du fait que les individus réagissent en fonction de leur expérience passée. On peut en effet comprendre qu'un individu n'ayant jamais été victime d'un accident ait du mal à accepter un changement. On entend souvent « il n'y a pas de raison que cela change ». Son expérience passée constitue l'ancrage auquel se rattache son jugement. Ce dernier se trouve biaisé et peut influer sur les comportements ultérieurs.

Le risque routier est un risque volontaire

Enfin, les risques permettant aux individus d'exercer leur volonté de contrôle (exemples : le funambule sur son fil, le champion automobile) sont mieux acceptés que les risques « involontaires » c'est-à-dire correspondant à des situations incontrôlables (habiter dans le voisinage d'une centrale nucléaire, respirer un air pollué). En effet, les situations risquées, mais volontairement provoquées, sont perçues comme contrôlables et donc satisfaisantes. Ainsi en est-il du risque routier. Pour cette raison, les conducteurs ont souvent tendance à sous-estimer la probabilité d'accident et/ou à sur-estimer leur capacité à l'éviter.

Conclusion

La perception du risque routier, risque accidentel volontaire, à l'origine d'une mortalité diffuse, est le résultat non pas d'une démarche objective, mais de jugements irrationnels et d'hypothèses grossières. Tout se passe comme si chaque individu acceptait un niveau cible de risque et s'employait, par des stratégies simplificatrices, à percevoir le risque à ce niveau.

La nature même du risque routier — mortalité diffuse, risque volontaire — induit chez les individus une perception irrationnelle les conduisant, le plus souvent, à sous-estimer le risque et/ou à surestimer leur capacité à l'éviter.

Les moteurs de la prise de risque

Le comportement des conducteurs résulte vraisemblablement d'un compromis entre les règles légales, les tendances psychologiques et certaines valeurs sociales. Une conduite risquée (ou prudente) trouve ses fondements dans la dynamique interne de l'individu et dans son attachement à certaines valeurs sociales.

Les valeurs sociales

La voiture est très souvent utilisée comme un élément symbolique dans la société : dans les publicités, dans les conversations, etc. Elle est présentée par exemple sous l'angle de la séduction, de la puissance, des performances plus généralement. Ce type de mises en valeur n'est pas sans impact sur le comportement humain. Certains essayeront de séduire avec leur voiture, d'autres d'établir des records de vitesse. Ainsi certaines modes, certains courants sociaux sont en contradiction avec les objectifs de sécurité routière lorsqu'ils sont vécus pendant l'expérience de la conduite.

A titre d'exemple, une étude [BARJONET, 1989] a essayé de mettre en évidence les rapports entre les modèles sociaux d'usage du corps et la prise de risque automobile. Elle permet notamment de conclure « qu'une conduite rapide, compétitive, signe de puissance répond parfaitement à la demande actuelle d'un corps *toujours plus* performant ». Une telle attitude évacue la dimension du risque, car elle renvoie moins à un corps en danger qu'à un corps en bonne santé.

L'exemple de la vitesse sera développé plus longuement dans le chapitre 6.

Une conduite risquée peut être le reflet de l'attachement à certaines valeurs sociales ou à certains symboles. Les styles de conduite adoptés sont alors à considérer comme autant de moyens de différenciation sociale.

Les tendances psychologiques : le goût du risque

Le vécu du risque est un phénomène complexe dont les dimensions se situent à différents niveaux de la réalité subjective. La prise de risque est considérée par certains comme un jeu avec l'imprévu, comme une succession de paris avec l'incertain. En jouant, l'individu se fixe des buts et une manière de les atteindre. Ainsi, l'univers du joueur est balisé, et ce système est générateur de plaisir. De manière complémentaire, le risque est parfois pris comme une occasion de sortir des sentiers battus, de se ménager des surprises :« Il faut vivre dangereusement » diront ceux pour qui le risque est une condition de l'aventure, du changement. Parfois, la prise de risque permet de répondre à un besoin autodestructeur. La psychanalyse a, depuis longtemps, mis en évidence que la satisfaction de la « pulsion de mort » était source de plaisir. On dira dans la pratique qu'on joue avec le danger et que, de ce fait, sont ressenties jouissance et stimulation.

L'ensemble de ces tendances oriente l'individu vers une plus grande prise de risque. En fait, on sait, par des sondages d'opinion, que ces mécanismes ne sont pas opérants dans chaque individu. On a montré [BARJONET et CAUZARD, 1987], qu'à l'échelle de la société, se dégageaient deux styles de comportement face au risque : un style de vie animé par « le goût du risque » plus fréquent chez les jeunes, les hommes, les personnes sans enfants et les personnes actives (économiquement), et un style de vie fondé sur l'attrait pour la sécurité adopté plus souvent par les individus âgés et les personnes non actives.

On peut identifier à l'origine des comportements humains des mécanismes psychologiques encourageant le goût du risque. Celui-ci est une attitude naturelle de l'homme.

La prise de risque automobile

La conduite automobile est un terrain privilégié permettant aux individus d'affirmer leur goût du risque. En effet, très accessible d'une part, elle présente d'autre part de multiples atouts. La voiture, par sa mécanique et ses performances techniques, peut procurer un sentiment de puissance ; la maîtrise de la conduite permet de satisfaire un besoin d'affirmation de soi. Toutes ces facettes d'une même activité procurent des bénéfices psychologiques.

Une attitude souvent adoptée sur la route est celle du « risque calculé ». Elle s'appuie à la fois sur le goût du risque, sur l'illusion ou la volonté de contrôle et sur la peur de l'échec qui, sur la route, est synonyme d'accidents. Dans ce cas, la prise de risque est masquée par un calcul permettant de « repousser l'échec ». Le risque est rationalisé. Il s'agit à la fois de prendre des risques et d'en rester maître. Le « calcul » joue un rôle justificateur.

La conduite automobile est un domaine favorable à la prise de risque. Elle offre aux individus non seulement une occasion de s'affirmer sur le plan social, mais aussi un moyen de satisfaire des désirs conscients ou inconscients.

Les facteurs de surrisque chez les jeunes

Une perception différente des risques

Les jeunes n'ont pas la même perception que les adultes du danger associé à certaines situations de conduite. En particulier, la vitesse, les conflits entre les véhicules (distance de sécurité...), l'infrastructure sont moins perçus par les jeunes que par les adultes comme facteurs de risque d'accident. Pour l'alcool, cette tendance est moins clairement établie.

L'utilité de la prise de risque est plus importante chez les jeunes

Cette hypothèse s'inscrit dans le modèle décrivant la prise de risque comme une sorte de jeu, de pari à l'image du risque pris par le joueur de poker. Le *bluff* est motivé par un équilibre de gains et de pertes d'argent.

Chez les jeunes, on a pu dégager trois types de motivations dans la prise de risque :

– *le besoin d'autonomie :* il s'exprime non seulement par le développement de la mobilité, mais aussi par la prise de risque qui doit être interprétée, dans ce cas, comme volonté de contrôle sur soi et sur l'environnement et comme expression du conflit avec l'autorité parentale et les normes sociales ;

– *le besoin de nouveauté, de stimulation de l'organisme :* il a été mis en évidence dans l'analyse des comportements face à l'alcool et aussi face à la conduite automobile. Il semble [ASSAILLY, 1990] que la recherche de sensations atteint son pic à la fin de l'adolescence (16-19 ans) ;

– *le besoin de s'affirmer :* présent aussi chez l'adulte, il est en général plus marqué chez l'adolescent et le jeune conducteur. Il peut induire des comportements risqués. Le risque est alors source de prestige et de compétitivité.

L'apprentissage de la voie publique et de la conduite

Il est difficile de savoir ce qui entre l'âge ou/et l'inexpérience est le facteur prédominant, mais il semble que la combinaison des deux facteurs soit accidentogène. D'après les enquêtes REAGIR l'inaptitude à la conduite est un facteur déterminant dans 25 % des accidents des jeunes de 18 à 25 ans.

De même, l'apprentissage de la voie publique et le début des déplacements autonomes pour les enfants de 5 à 10 ans, l'utilisation de la bicyclette dans la circulation générale par ceux de 10 à 14 ans constituent pour ces groupes les facteurs prédominants d'insécurité routière.

L'optimum physiologique

Entre 18 et 25 ans, le corps se trouve à son optimum physiologique. C'est à cet âge par exemple que les réflexes sont les meilleurs. Il est probable que cet état influence la psychologie du jeune conducteur. On pourrait penser qu'avoir de bons réflexes permet de diminuer le risque, le cas des jeunes prouve qu'il n'en est rien.

Un facteur prédominant : le sexe

Le fait que les jeunes hommes se tuent plus que les jeunes femmes sur la route ne s'explique pas par le fait que les femmes prennent en général moins de risque que les hommes. Il n'y a en fait pas de tendance générale claire. Cependant, les risques n'ont pas la même signification pour les hommes et les femmes, et le risque routier est de ceux considérés comme pertinents par les hommes.

Conclusion

A la différence des adultes, le comportement des jeunes face au risque routier est l'expression de tendances psychologiques et sociales générales, caractéristiques de cette période de la vie.

Le besoin de s'affirmer engendre, par exemple, chez les uns un esprit de compétitivité et chez d'autres la délinquance ; deux attitudes que l'on retrouve sur la route.

L'apprentissage — de soi, de la vie en société, de la conduite, des effets de l'alcool — caractéristique de la vie des jeunes est bien à l'origine des surrisques encourus par ceux-ci, en particulier du sur-risque routier.

3 La diminution des capacités physiologiques

La conduite d'une automobile implique la mise en œuvre d'un ensemble de capacités physiologiques qui peuvent être diminuées ou amoindries par le vieillissement, la fatigue mais aussi les médicaments ou l'alcool.

Le vieillissement

Si le processus de vieillissement est inéluctable et biologiquement programmé, son expression est particulièrement hétérogène : certaines capacités sont plus affectées que d'autres, et le vieillissement est spécifique de la personne considérée [PAUZIE, 1989].

Parmi tous les systèmes sensoriels, la vision est peut-être le plus vulnérable au processus de vieillissement, alors qu'elle est le mode perceptif dominant en conduite. L'acuité visuelle statique baisse d'environ 25 % entre 30 et 60 ans et l'acuité visuelle dynamique (importante lors de la conduite pour percevoir des objets en mouvement) diminue avec l'âge surtout en vision nocturne. Le pouvoir d'accommodation, ainsi que la sensibilité à l'éblouissement, se détériore avec le vieillissement, de même que l'adaptation à des modifications d'éclairement : clair/obscur et inverse. Ce déclin des capacités perceptives pénalise donc les conducteurs vieillissant tout particulièrement lors de la conduite de nuit. Enfin, les fonctions visuelles peuvent être sujettes à certaines affections pathologiques qui sont typiques chez les personnes âgées (glaucome, cataracte).

En ce qui concerne l'audition, remarquons que la perte de la capacité auditive n'est pas rédhibitoire pour la conduite de voitures particulières d'après le Code de la route.

L'apprentissage du Code de la route par les conducteurs âgés ne pose pas de problème particulier ; cependant les situations nouvelles, conduite sur neige par exemple, provoquent de grandes difficultés d'apprentissage par leur caractère de phénomène inhabituel.

La mémoire à court terme est plus perturbée par le vieillissement que la mémoire à long terme. Les personnes âgées présentent un temps de perception de 15 % supérieur, par rapport à une population jeune, pour emmagasiner des images de façon égale.

Le ralentissement observé au niveau de la performance psychomotrice aurait pour origine essentielle une augmentation du temps de décision [WELFORD, 1977]. Or, le temps est une variable critique dans la conduite automobile. Une succession trop rapide d'informations, ou leur apparition multiple conduit à des perturbations auxquelles les personnes vieillissantes sont particulièrement sensibles.

Ces handicaps sont cependant palliés par un processus de compensation qui s'acquiert par un changement de mode opératoire. Les personnes âgées ont une faculté remarquable pour compenser toute modification qui risquerait d'affaiblir leur performance. Leur expérience antérieure jouerait un rôle important de ce point de vue.

Ainsi, une vision insuffisante peut être compensée par une fixation plus longue, une manipulation manuelle peu assurée par une modification du mode de préhension et de contrôle de l'activité gestuelle, un temps de décision plus long par une conduite plus sage et plus prudente.

Le vieillissement des capacités fonctionnelles, qui touche principalement la vision et la prise de décision dans des situations non habituelles et temporellement tendues, semble être un handicap. Cependant, il ne faut pas sous-estimer la faculté de compensation particulièrement développée chez les personnes âgées, et ne pas oublier le caractère très hétérogène du déclin des fonctions biologiques, qui empêche toute approche normative de l'élément humain.

Les médicaments, la drogue, la fatigue

Les médicaments

10 à 12 % des conducteurs impliqués dans un accident de la circulation ont consommé un tranquillisant dont les traces sont retrouvées par analyse médicale [LAGIER, 1991].

Les principaux effets, provoqués par les médicaments, qui perturbent la conduite et sont susceptibles d'entraîner un accident, sont la somnolence, les pertes de connaissances, les vertiges, les étourdissements, les troubles visuels, les sensations ébrieuses, les hallucinations, les troubles auditifs, les modifications de comportement. Les médicaments incriminés sont principalement des tranquillisants et des somnifères, mais aussi des médicaments très banals utilisés dans le traitement de la douleur, de la toux ou encore du rhume. De plus, un médicament peut encore agir plusieurs jours après sa prise.

En comparant un groupe de conducteurs responsables d'accidents de la circulation à un groupe de conducteurs présumés non responsables, on a pu montrer [LAGIER, 1991] que les somnifères et les tranquillisants majorent, dans une grande proportion, les risques accidentogènes liés à une imprégnation alcoolique et qu'ils représentent, en eux-mêmes, un facteur accidentogène voisin de 2.

Enfin, le problème des médicaments est différent de celui de l'alcool ou des drogues illicites, car il y a généralement, en amont de la prise de médicaments, prescription médicale et effet thérapeutique.

Les drogues illicites

Des observations ont été effectuées sur les effets de drogues douces comme le canabis, le haschich, la marijuana. Il semblerait que les effets ne soient pas décisifs, excepté une difficulté accrue lors des manœuvres. Il n'a pas été décelé de surrisque d'implication dans des accidents, même pour des conducteurs prenant des drogues dures (opiacées, hallucinogènes).

Vigilance ou fatigue

Selon Vallet [1991] : « La perte de vigilance est la première cause d'accidents mortels (34 %) devant l'éclatement des pneus (12 %), la mauvaise prise en compte des conditions météorologiques (12 %), le non-respect de la distance de sécurité (11 %), la perte de contrôle par excès de vitesse — si tant est que l'on puisse proposer une analyse monofactorielle des accidents ». La perte de vigilance pourrait être évitée par la reconnaissance des signes de fatigue et le suivi des prescriptions concernant le temps de conduite en continu.

Certains médicaments engendrent des effets négatifs sur la conduite automobile. Le risque est multiplié lors d'association alcool-médicament (la France est le deuxième pays consommateur de psychotropes et le premier pays consommateur d'alcool, par habitant). L'absence de groupe témoin et d'études antérieures sur les effets de la drogue ne permettent pas aujourd'hui de conclure. Enfin, la fatigue est une des premières causes d'accidents.

L'alcool

Le problème de l'alcool

« Boire ou conduire, il faut choisir ! » En effet, le fait de boire de l'alcool est ancré depuis longtemps dans les pratiques sociales. Le vin, obtenu par fermentation de raisins écrasés, a fait son apparition au VIe millénaire av. J.-C en Asie Mineure, puis se fabrique au IVe millénaire en Egypte. La bière, quant à elle, obtenu par fermentation de blé, d'orge et de malt était également connue des anciens Egyptiens et sans doute de l'homme néolithique. La distillation connue des Arabes, et dont est originaire le mot alcool (Al kohol : poudre servant à la distillation, Al ambiq : vase à distiller) fut introduite en France au XIIIe siècle.

La consommation de boissons alcoolisées fait partie du rite de la fête, et tout simplement du mode alimentaire : la bière dans les pays nordiques et anglo-saxons, le vin dans les pays bordant le bassin méditerranéen. La consommation d'alcool peut même devenir une sorte d'obligation sociale lors de repas professionnels ou de fêtes diverses.

Or, la conduite automobile est elle aussi omniprésente dans les modes de vie et est, en principe, incompatible avec l'absorption d'alcool. Cependant, la probabilité, au niveau individuel, d'être victime d'un accident grave ou mortel associé à une alcoolémie élevée, est très faible. Selon un calcul théorique, il y aurait en France 1 accident mortel pour 2 500 000 kilomètres parcourus avec une alcoolémie supérieure à 0,80 g/litre [Code Rousseau, 1990].

Le problème principal de l'alcool au volant, en plus des aspects pathologiques, est dû à la méconnaissance des risques encourus, même en présence d'une alcoolémie légère ou moyenne. Cette méconnaissance du risque est en fait une sous-estimation du risque : le plus difficile n'est pas de renoncer à boire, mais surtout de renoncer à conduire après avoir bu de l'alcool. Tout le problème réside dans notre croyance en notre capacité d'auto-contrôle.

L'alcool : aspects pathologiques

L'alcoolisme est l'abus de boissons alcooliques ; il peut prendre plusieurs formes :
- alcoolisation occasionnelle ou aiguë ;
- alcoolisation chronique, qui entraîne une dépendance de l'alcool et des atteintes physiologiques occasionnant des problèmes de santé, et altérant le comportement social ou familial du buveur.

La situation d'alcoolisation chronique, plus répandue, plus insidieuse, souvent ignorée ou inconsciente est la forme la plus dangereuse de l'intoxication éthylique. C'est une maladie qui, en l'absence de soins, peut entraîner un délabrement physique et psychique et la mort prématurée.

L'alcoolisme est la troisième cause de décès en France après les maladies du cœur et les cancers. Il y aurait, d'ailleurs, 4,5 millions de buveurs excessifs en France [L'HOSTE, 1985].

Comme le montre le tableau I, la consommation d'alcool baisse sensiblement en France, tout en restant encore à un niveau élevé.

Tableau I :
Consommation d'alcool (en litres, par adulte de plus de 20 ans).
(Source : ONSER, 1989).

1970	1975	1980	1984	1985	Prévision 1990
24,9	24,5	21,9	20,4	19,6	18,3

Cependant, si on enregistre une baisse régulière de la consommation par habitant, on note que l'imprégnation alcoolique chez les responsables d'accidents mortels de la circulation reste un facteur constant, alors que tous les autres indicateurs tels que accidents domestiques, accidents du travail, pathologies alcooliques sont en baisse.

L'alcoolémie

Après ingestion, l'alcool passe dans le sang rapidement si la personne est à jeun : 15 à 30 minutes, et une à deux heures si l'alcool est bu au cours d'un repas. L'alcool, alors véhiculé par le sang, arrive au foie. Il y est oxydé à 95 % sous l'action d'enzymes, et les 5 % restant sont éliminés par les reins et les poumons. L'élimination par les poumons se fait d'ailleurs à taux constant, ce qui permet l'utilisation d'éthylotests ou « ballons » pour les dépistages et d'éthylomètres pour l'établissement de la preuve d'alcoolémie [L'HOSTE,1985].

Entre quelques minutes et quelques heures, l'alcool passe intact dans le sang. C'est à ce stade qu'intervient la notion d'alcoolémie.

Figure 5 :
Courbe moyenne d'alcoolémie chez un sujet non alcoolique.
(Source : Code Rousseau, 1990).

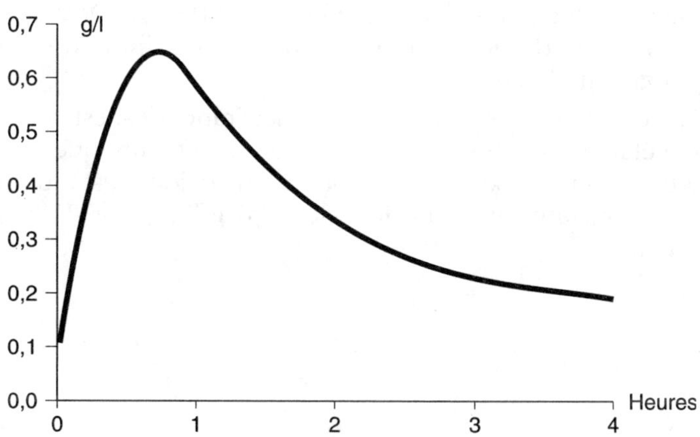

En fait, la courbe d'alcoolémie varie pour un même sujet, en fonction de son état général (fatigue, absorption médicamenteuse...).

Tableau II :
Taux d'alcoolémie pour quelques boissons 1 heure après absorption chez un homme de 75 kg (doses réglementaires dans les débits de boissons).
(Source : Code Rousseau, 1990).

	À jeun	Après repas
1/2 l de vin 11°	0,83	0,55
1/2 l de bière 5°	0,29	0,19
2 cl d'apéritif anisé 45 °	0,13	0,09
6 cl d'apéritif à 6°	0,15	0,10
4 cl de whisky 45°	0,36	0,24
4 cl de cognac 40°	0,32	0,21

Les effets de l'alcool sur la conduite

En raison du processus de diffusion de l'alcool dans l'organisme, son action sur le système nerveux est susceptible de perturber la quasi-totalité des fonctions motrices, sensorielles et cognitives. Un très grand nombre d'expérimentations ont été réalisées en laboratoire, sur simulateur ou sur circuits spéciaux. En schématisant les résultats acquis, il apparaît que tous les effets de l'alcool sur le système nerveux sont dépresseurs. Les effets apparemment excitateurs étant en fait liés à la dépression de mécanismes inhibiteurs [L'HOSTE, 1985].

Toutes les fonctions motrices, sensorielles et cognitives étudiées sont atteintes à partir d'un certain seuil d'alcoolémie, qui varie selon les sujets et selon les fonctions considérées. Ainsi, plusieurs études ont montré une détérioration plus grande pour les commandes au pied qu'au niveau du maniement du volant. Elle se traduit par des actions brusques sur l'accélérateur, des freinages excessifs et inadaptés aux circonstances. L'ensemble des expérimentations en situation simulée aboutit à des conclusions analogues : le seuil de détérioration des activités se situe généralement entre 0,4 et 0,5 g/l. De plus, ces études confirment l'existence d'une grande variabilité inter-individuelle et intra-individuelle (fatigue, maladie...).

La courbe réalisée à la suite d'études françaises, est comparable à celles qui ont été établies à l'étranger. Elle permet de conclure que, par rapport à un conducteur à jeun, le risque de provoquer un accident est multiplié par 10 lorsque l'on passe au taux maximal légal de 0,8 g/litre, par 35 à 1,2 g/litre et par 80 à 2 g/litre.

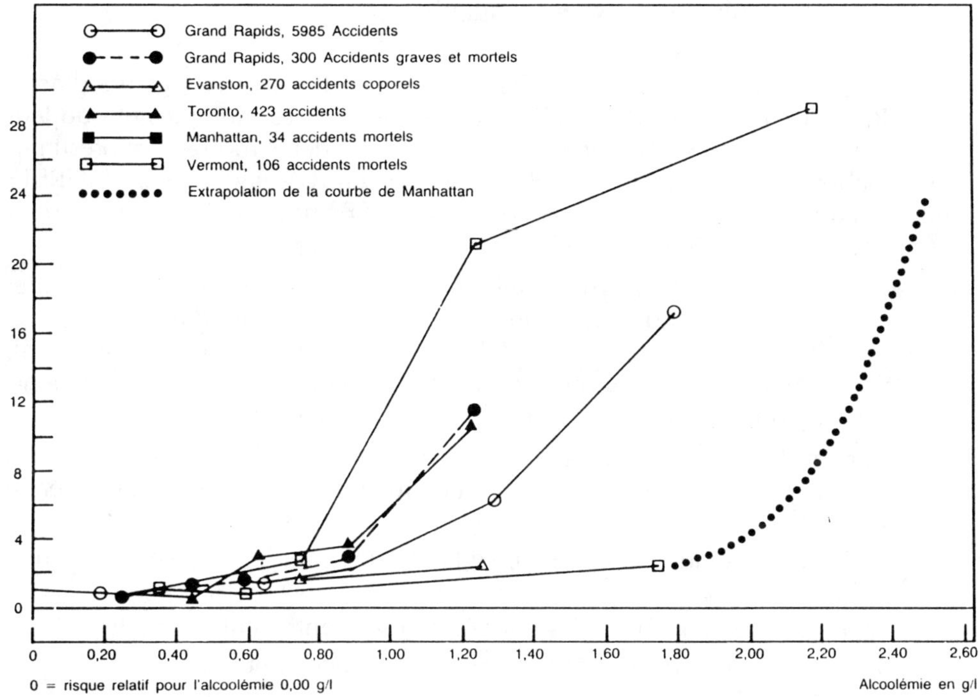

Figure 6 :

Risque relatif d'accident en fonction de l'alcoolémie.

(Source : L'HOSTE , 1985, d'après HURST 1973).

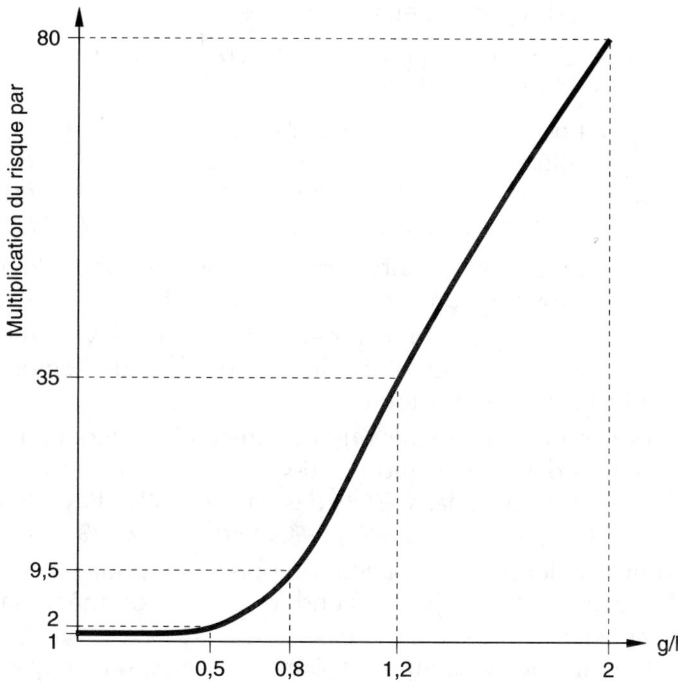

Figure 7 :

Alcool et risque d'accident.

(Source : DSCR, 1989).

L'alcoolémie dans les accidents

On considère également l'alcool comme l'un des principaux facteurs d'accident. Bien que la plupart des accidents aient des causes multiples et que leur hiérarchie soit difficile à établir, dans 40 % des accidents mortels les présumés responsables sont alcoolisés au-delà du seuil légal. Les enquêtes de l'INRETS montrent que 3 à 4 % des kilomètres parcourus en France sont le fait de conducteurs ayant une alcoolémie illégale.

Les enquêtes RÉAGIR, concernant uniquement les accidents mortels (99 %) et blessés graves (1 %) ont décelé la présence du facteur alcool dans 2 936 accidents sur 10 000. Ce taux de 30 %, déjà très important, n'est qu'un minimum, car l'alcoolémie n'est pas toujours connue pour un certain nombre d'accidents (prise de sang non effectuée, corps déchiqueté ou carbonisé).

De même, en 1988, les contrôles de gendarmerie et de police ont prouvé que la gravité des infractions et des accidents est en relation avec le taux d'alcoolémie [DSCR, 1989] :

– 1,1 % de conducteurs au-delà de 0,8 g/l pour de simples contrôles de circulation ;

– 3,3 % des conducteurs pour des contrôles après contravention routière ;

– 7,7 % des conducteurs pour des contrôles après accidents corporels.

Les conducteurs dépassant le seuil sont dans ce dernier cas sept fois plus nombreux. Ces proportions, stables sur plusieurs années, montrent bien le surrisque important des conducteurs alcoolisés.

Enfin, les alcooliques chroniques ne constituent pas la majorité des conducteurs dépassant les limites d'alcoolémie.

En effet, une étude du HCEIA 1982-1983 (Haut-Comité d'étude et d'information sur l'alcoolémie), portant sur les accidentés sur la voie publique a montré que les buveurs occasionnels représentaient 15 % des hommes et 2 % des femmes et les buveurs chroniques : 27 % des hommes et 27 % des femmes.

On peut, à cet égard, faire une typologie des conducteurs en état d'alcoolémie et ayant provoqué un accident [ONSER, 1989] :

– les piétons, cyclomotoristes et conducteurs de voitures particulières sont plus souvent responsables d'accidents mortels sous l'emprise de l'alcool que les conducteurs de poids lourds ;

– les variations régionales de l'imprégnation alcoolique chez les responsables présumés d'accidents mortels de la circulation sont importantes : en Bretagne, l'alcool intervient dans 50 % des cas ; dans les Pays de Loire 46 % ; en Aquitaine 33 % ; en Provence-Alpes-Côte d'Azur 28 % ;

– enfin, l'alcool est un facteur prépondérant pour :

- les accidents de jeunes conducteurs (parfois même sans permis), les nuits de samedi à dimanche,
- les accidents de nuit, les jours ouvrables, quelle que soit la classe d'âge.

Par contre, les profils types des conducteurs en état d'alcoolisation fréquente et présentant les alcoolémies les plus élevées sont :
- presque exclusivement des hommes,
- âgés de 35 à 55 ans,
- avec un faible niveau d'étude,
- effectuant des trajets de nuit ou locaux,
- parcourant annuellement un kilométrage important,
- circulant sur des routes départementales à grande circulation,
- ayant un nombre de passagers supérieur à trois.

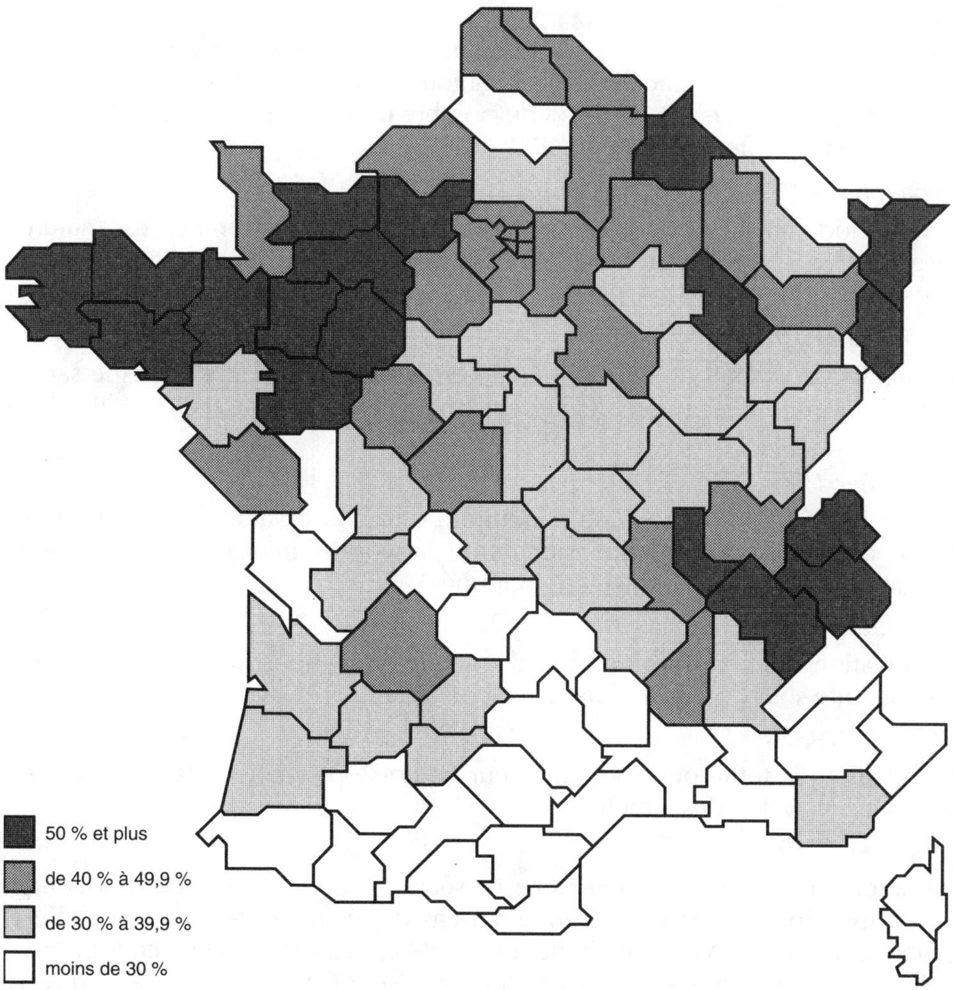

Figure 8 :

Variations régionales de l'imprégnation alcoolique chez les responsables présumés d'accidents mortels de la circulation.
(Source : Lagier ,1991, *in* [ONSER, 1989]).

L'alcool et la réglementation

18 mai 1965

Dépistage possible par l'air expiré de l'imprégnation alcoolique en cas d'infraction grave au Code de la route.

9 juillet 1970

Loi instituant un taux légal d'alcoolémie de 0,8 g/l (contravention) avec dépistage obligatoire en cas d'infraction grave ou accident et un taux de 1,2 g/l à partir duquel il y a délit.

12 juillet 1978

Loi permettant d'effectuer des contrôles préventifs de l'alcoolémie du conducteur avant infraction ou accident avec renforcement des sanctions (cette loi a eu un effet global immédiat : – 19 % du nombre de tués en juillet, et – 9 % en 6 mois. Ensuite, l'effet s'est estompé).

Septembre 1983

Arrêté modifiant le Code des assurances : la prime d'assurance est majorée jusqu'à 150 % pour le responsable d'un accident dans lequel l'alcool est en cause.

8 décembre 1983

Loi abaissant le seuil du délit (tribunal correctionnel) de 1,2 g/l dans le sang à 0,8 g/l. Institution d'un taux légal dans l'haleine de 0,4 mg d'alcool/litre d'air expiré.

17 janvier 1986

Retrait immédiat du permis de conduire à titre conservatoire pour une durée maximale de 72 heures. Suspension ferme par voie administrative du permis de conduire dès que le dépistage est confirmé.

10 juillet 1987

Aggravation des peines principales d'amende et d'emprisonnement en matière de conduite sous l'emprise d'un état alcoolique.

30 juillet 1987

Interdiction de toute publicité en faveur de boissons alcoolisées ayant un rapport avec les véhicules à moteur.

10 juillet 1989

Les infractions au port de la ceinture de sécurité et du casque pourront donner lieu à un dépistage de l'alcoolémie. En cas de récidive (délit d'alcoolémie et d'homicide ou blessures involontaires), l'intéressé ne pourra solliciter un nouveau permis de conduire avant l'expiration d'un délai de 10 ans, sous réserve qu'il soit reconnu apte après examen médical.

31 octobre 1990

Dépistage à l'initiative des forces de l'ordre.

L'alcool et les sanctions

Les tableaux III et IV ci-dessous illustrent l'accroissement constant du nombre de suspensions administratives du permis pour dépassement du taux légal et refus de prélèvement et de celui des contrôles préventifs effectués.

Tableau III :
Suspensions administratives.

1975	1982	1985	1986	1988
36 771	34 335	42 553	49 582	78 082

Tableau IV :
Nombre de contrôles préventifs effectués.

1975	1982	1985	1986	1988	1989
396 692	479 943	851 440	1 108 221	1 673 381	2 310 553

L'alcool et l'opinion publique

Selon une enquête réalisée sur 1 000 personnes en mars 1985 à l'initiative du Haut-Comité d'étude et d'information sur l'alcoolémie, 94 % des individus interrogés estiment que l'absorption de boissons alcooliques joue un rôle dans les accidents de la route.

On trouve un résultat analogue dans tous les sondages consacrés à ce problème ; le rôle néfaste de l'alcool sur la conduite s'avère être un fait bien connu, mais qui n'entraîne pas pour autant des comportements adaptés.

Les matériels de dépistage et de contrôle

Des éthylotests électroniques commencent à remplacer les traditionnels alcootests (« ballons ») pour les dépistages d'alcoolémie. Des éthylomètres électroniques permettent ensuite, en cas de dépistage positif, d'établir la valeur incontestable de l'alcoolémie.

Ces appareils, utilisant l'air expiré, remplacent, chaque fois qu'il est possible, la prise de sang (et l'analyse consécutive), dont le domaine est réservé progressivement aux cas où l'usage de l'éthylomètre est impossible (victime trop sérieusement blessée ou décédée, ou dans l'impossibilité physique de souffler).

• L'incompatibilité de l'alcool et de la conduite est scientifiquement établie. Cependant, son acceptation semble beaucoup moins unanime auprès des usagers de la route, car le plus difficile paraît être de dissocier boire et conduire.

• L'alcool constitue un des principaux facteurs d'accident.

• Un taux d'alcoolémie élevé accroît considérablement le risque d'accident (risque multiplié par 10 au taux maximal légal 0,8 g/l, par 35 à 1,2 g/l et par 80 à 2 g/l).

• Plus les accidents et les infractions sont graves, plus on constate un nombre élevé de conducteurs en état d'alcoolémie illégale.

• Les alcooliques chroniques représentent environ 28 % des usagers impliqués dans un accident corporel.

• Les matériels de détection acquièrent sophistication et efficacité.

• La prise de conscience du danger que représente l'alcool au volant semble manifeste lors d'enquêtes d'opinion, mais la méconnaissance des risques encourus (effets de l'alcool, conséquences, sanctions) engendre une sous-estimation du danger réel de l'alcool.

4 Les facteurs liés aux véhicules

Une des causes déterminantes de l'insécurité routière est liée aux caractéristiques des véhicules.

La vitesse

La vitesse de pointe des véhicules neufs mis sur le marché ne cesse de croître malgré une limitation de vitesse généralisée sur l'ensemble du réseau national. L'effet négatif qu'engendre une vitesse élevée lors d'un accident est largement démontré dans le chapitre 6).

L'agressivité des véhicules

L'agressivité extérieure

Véhicules légers vis-à-vis des piétons et des deux roues

En cas de choc entre VL (véhicule léger) et piétons ou deux roues, des lésions graves ou mortelles sont produites principalement par l'encadrement du pare-brise, les montants latéraux et la traverse inférieure supportant les essuies-glaces [DSCR, 1989]. La présence de points durs sous le capot, comme roue de secours, filtre à air, tête d'amortisseurs a une influence sur la gravité des accidents impliquant des piétons. Cependant, il n'existe pas de norme assurant la protection de la tête d'un piéton dans le choc avec les éléments avant d'un véhicule léger.

Poids lourds vis-à-vis des véhicules légers

La réglementation fixant les caractéristiques de la protection de l'arrière des poids lourds peut être améliorée, sa principale lacune tient à l'existence de nombreuses exemptions dont les plus importantes concernent :

– les bennes basculantes,
– les véhicules pourvus d'un hayon élévateur.

Enfin, si des barres anti-encastrement équipent l'arrière de presque tous les poids lourds, aucun dispositif réglementaire de ce type n'est prévu latéralement à l'image des barres pare-cyclistes ; au contraire, les poids lourds et leurs remorques présentent latéralement des tambours munis de dents à cliquets pour l'arrimage de sangles ou câbles.

L'agressivité intérieure

La protection du conducteur et des passagers est assurée par le port de la ceinture, aussi bien aux places avant qu'arrière. Cependant, les dispositifs de retenue pourraient être largement améliorés et entraîneraient des gains en vies humaines importants : nouvelles ceintures, sacs gonflables (en service aux Etats-Unis), ceinture intégrée au siège (étudiée par PSA). L'agressivité intérieure trouve toute son importance lors des chocs latéraux où la ceinture n'est que de faible utilité. Or, les blessures au thorax et à la tête sont respectivement la première et deuxième cause de mortalité routière. De plus, si le choc frontal représente 50 % des cas d'accidents, le choc latéral en représente 30 %, mais ne fait toujours pas l'objet d'une réglementation.

La visibilité des véhicules

Si la tendance actuelle est d'offrir le maximum de surface vitrée tout autour du conducteur, il n'en subsiste pas moins un angle mort lors des dépassements (prévention des accidents d'autoroute en particulier) qui pourrait être combattu par l'adoption réglementaire de nouveaux rétroviseurs (miroir à prisme, à deux pentes, à surface sphérique).

Enfin, l'adoption obligatoire des feux de croisement lors de la tombée du jour sur routes, et de nuit dans les agglomérations, limiterait la confusion actuelle provoquée par la coexistence de la pratique des feux de position dans les agglomérations.

Le contrôle technique

En 1989, des études précises ont montré que sur le parc des voitures particulières et des camionnettes (véhicules de moins de 3,5 tonnes), soit 25 millions environ, 16 millions avaient 5 ans d'âge et plus, 12 millions 7 ans et plus et

6 millions 10 ans et plus. Sur les 16 millions de véhicules de plus de 5 ans, le constat était le suivant :

– véhicules en très bon état : 11 %
– véhicules en bon état : 16 %
– véhicules en état médiocre : 43 %
– véhicules en mauvais état : 11 %
– véhicules dangereux : 19 %

Un contrôle technique obligatoire pour ces véhicules, comprenant l'examen de 52 points définis par une norme AFNOR a été instauré en 1985 sans obligation de réparation [Code de la route, 1990]. L'application intégrale de la conformité à ces 52 points aurait engendré, en 1989, la mise à la casse de 3 millions de véhicules (les 19 % dangereux).

Un tel taux de véhicules dangereux est aussi une des causes de l'insécurité routière. Or, la mise en place du contrôle technique obligatoire ne se fera que progressivement, compte tenu du coût économique d'un tel rebut et de la remise à niveau du parc restant. En attendant, la France continue de recevoir les voitures rejetées par les pays limitrophes, où le contrôle technique pour VL existe parfois depuis 25 ans (Allemagne, Belgique...).

Selon VEHITEST, le risque en fonction de l'âge du véhicule est maximal pour les véhicules récents de deux ans et moins, et ne recommence à dépasser la moyenne qu'au-delà de dix à onze ans d'âge. Ainsi, l'effet sur la sécurité du contrôle technique ne serait que marginal.

Un des facteurs déterminants de l'insécurité routière réside dans les caractéristiques actuelles de nos véhicules.

• En premier lieu, la vitesse de pointe excessive des véhicules récents engendre un écart toujours croissant entre les vitesses réglementaires maximales et les possibilités des véhicules.

• La réduction de l'agressivité interne des véhicules peut être améliorée, en utilisant des systèmes de retenue plus performants ; vis-à-vis de l'extérieur (chocs entre VL et piétons ou deux-roues ; chocs entre PL et VL), les dispositifs de protection doivent être perfectionnés.

• Enfin, l'accouchement difficile du contrôle technique concernant les VL, qui ne portera ses fruits (3 millions d'épaves potentielles) que lorsqu'il sera suivi d'obligation de réparation pour tous les points non conformes à la norme AFNOR.

5 Le rôle de l'infrastructure et de son environnement direct

L'infrastructure constitue, après le conducteur et le véhicule, le troisième élément du « système » de sécurité. On étudiera dans ce chapitre l'ensemble des facteurs connus, liés non seulement à l'infrastructure et à son environnement direct (tracé, accotements), mais aussi aux interactions entre conducteur et infrastructure (perception de l'environnement, lisibilité des aménagements).

Après une brève présentation de ces familles de facteurs, on les étudiera plus en détails, en distinguant la rase campagne du milieu urbain.

Deux grands types de facteurs d'insécurité

Les facteurs liés à la conception routière

Ces facteurs sont de nature technique et peuvent être appelés « les défauts de l'infrastructure ». Ils sont relativement faciles à identifier sur le terrain et relèvent d'une discipline principale : la technique routière. Aussi, on connaît relativement bien les effets des virages trop serrés, des pertes de visibilité, des manques d'adhérence de la chaussée etc.

Les facteurs liés aux interactions entre infrastructure et conducteur

La lisibilité de la route

On s'intéresse dans ce cas à la façon dont le conducteur perçoit et interprète l'infrastructure et son aménagement. Ce domaine de recherche et d'actions est connu sous le nom de « lisibilité de la route » dont Dubois [1990] a donné la définition suivante : « La lisibilité de la route peut se définir comme la capacité du conducteur à « lire » les infrastructures et les équipements routiers, ainsi que le contexte environnemental auquel il doit répondre de manière adaptée sous contraintes temporelles. La lecture est ici envisagée en tant qu'interprétation (attribution de signification) des indices de l'environnement. Cette interprétation engendre des prévisions sur des classes de problèmes qui ne sont pas encore actualisés et permet l'anticipation des modalités de leur résolution. Dans ce modèle théorique de la lecture, la lisibilité se distingue des étapes antérieures de saisie de l'information traitées dans le cadre de la perception (et pour lesquelles nous préférons réserver le terme de visibilité) ».

Plus concrètement, les actions en matière de lisibilité reposent sur quelques principes simples comme par exemple :
– rompre la monotonie de la conduite à chaque point de conflit,
– offrir à l'usager des scènes visuelles bien typées et cohérentes.

La mise en pratique repose, non pas sur la signalisation traditionnelle très complexe, mais sur l'aménagement de l'environnement.

Le rôle de l'environnement

La lisibilité de la route s'appuie sur la reconnaissance du rôle important que joue l'environnement routier sur la perception du danger par le conducteur.

Le conducteur

Un usager règle sa conduite selon la perception qu'il a des situations de risques qui se présentent à lui et auxquelles il peut s'attendre du fait de sa connaissance des lieux traversés. Pour qu'un danger soit perçu, il faut d'abord qu'il soit visible, puis que le processus de prise d'information se mette en œuvre et, enfin, que l'analyse de l'usager conduise à des résultats concordants avec la réalité. La conduite est un processus dynamique, et ces différentes étapes se déroulent avec une forte contrainte de temps. Or, un événement imprévu demande un temps plus long de détection et de reconnaissance, d'où la nécessité de réduire les temps de perception.

Les sites routiers

Les attentes des usagers sont fondées sur des représentations permanentes de sites routiers, structurées autour de types caractéristiques auxquels sont associées les difficultés éventuelles et les moyens d'y faire face. Les stratégies de prise d'information y seront chaque fois différentes. On peut ainsi repérer trois niveaux pertinents de représentation ou de lisibilité de la route :
– les itinéraires possibles, à partir de la nature des usages ;
– les sections de route, restituées dans le contexte géographique et associées à certains principes d'aménagement ;
– les lieux, qui permettent la reconnaissance immédiate de tel équipement ou de telle difficulté et l'adaptation correspondante du comportement.

Le manque de cohérence entre un lieu particulier et la section qui le contient est une source d'erreur, pouvant conduire à des accidents. Ainsi, le feu tricolore fait partie de la voirie urbaine, ailleurs son implantation peut poser des problèmes de cohérence, donc de sécurité.

Par ailleurs, la succession de sections de route de types différents pose la question de la proximité spatiale et, par conséquent, temporelle dans le processus de déplacement, de diverses représentations et de la logique de leur enchaînement. On mentionne à ce sujet une étude détaillée sur la catégorisation des voies par les usagers [FLEURY et *al.*, 1988] qui permet d'établir, pour des routes à faible trafic, les modalités de perception des différents types de réseaux.

En rase campagne

Le réseau

On distingue généralement, du point de vue de l'insécurité routière, trois types de voiries en rase campagne :

• *Type 1 :* les autoroutes et les routes nationales à chaussées séparées et équipées aux intersections de carrefours dénivelés ;

• *Type 2 :* les routes nationales (exceptées celles du type 1) et les routes départementales à grande circulation ;

• *Type 3 :* le réseau secondaire constitué des routes départementales peu fréquentées et des réseaux communaux.

Cette classification ne mentionne pas les routes départementales d'importance moyenne. En fait, elles présentent des caractéristiques intermédiaires entre les routes nationales et le réseau secondaire. Elles sont donc difficilement classables. Les enseignements de sécurité tirés de l'étude des voiries de types 2 et 3 seront donc utiles dans l'étude des routes départementales de moyenne importance.

La plupart des études et des statistiques se réfèrent à la classification administrative : voies autoroutières, routes nationales, chemins départementaux et voies communales. Certaines de ces études ont été reprises dans l'élaboration de ce chapitre. Ainsi les voiries de type 2 seront le plus souvent représentées par les routes nationales et celles du type 3 par les (petits) chemins départementaux.

La longueur totale de voiries bitumées est de 729 700 kilomètres hors agglomération de plus de 5 000 habitants et se répartit, approximativement, comme suit entre les trois types mentionnés ci-dessus :
– type 1 : 8 500 km dont 5 700 d'autoroutes,
– type 2 : 51 200 km dont 21 200 de routes nationales,
– type 3 : 670 000 km dont 290 000 de routes départementales et 380 000 de voies communales.

Les trafics supportés par ces infrastructures sont approximativement de :
- type 1 : plus de 10 000 véh./jour,
- type 2 : de 5 000 véh./jour à 12 000 véh./jour,
- type 3 : moins de 5 000 véh./jour.

Les accidents

On retiendra simplement, d'après les fiches thématiques « circulation et sécurité » de l'ONSER que : « En 1989, un peu plus du quart des accidents corporels (ont eu lieu) en rase campagne (et) ont provoqué, (à eux-seuls), près des deux tiers des tués, (conférant à ce milieu) une gravité 4,7 fois plus forte que celle du milieu urbain » et « c'est en section courante que les accidents corporels sont les plus nombreux et les plus graves ».

Les autoroutes et les routes nationales à chaussées séparées

Ce type d'infrastructure a pour objectif de fournir un niveau de service élevé à l'usager en matière à la fois de confort, de temps de parcours et de sécurité.

Compte tenu du niveau de sécurité atteint, l'approfondissement des recherches dans ce domaine n'est en général pas considéré comme prioritaire et, par ailleurs, l'intérêt des éventuels nouveaux équipements est plus difficile à démontrer. Enfin, il apparaît que les facteurs de risque principaux de la conduite sur autoroutes ou voies rapides ne sont pas à chercher dans les caractéristiques de l'infrastructure, mais plutôt dans le comportement des conducteurs (vitesse élevée, endormissement, alcool).

Cependant, il est à noter qu'une sortie de chaussée intervient dans deux tiers des accidents sur autoroutes. La gravité des accidents est donc fortement dépendante des aménagements des terre-pleins centraux [VULIN et QUINCY, 1987] et des accotements [VULIN et HUET, 1989] : largeur, présence de glissières (retenant les véhicules légers), de barrières (retenant les poids lourds).

Ainsi, les connaissances en matière de facteurs accidentogènes liés à l'infrastructure concernent principalement les routes nationales et départementales, points abordés dans les paragraphes suivants.

Les routes nationales et les routes départementales à grande circulation

Enjeu

Un réseau très varié : le réseau des routes nationales et des routes départementales à grande circulation présente des disparités en matière de types de routes — on y trouve en effet des sections de routes à deux voies, 3 voies, ou 2 fois 2 voies — et en matière de date de conception.

Les taux d'accidents

Le nombre moyen d'accidents pour 100 millions de véhicules-kilomètres sur la période 1985-1989 était pour les routes nationales de [SETRA, 1990] :
– 21 pour les routes à 2 voies, dont 17 hors carrefours ;
– 17 pour les routes à 3 voies, dont 13 hors carrefours ;
– 14 pour les routes à 2 × 2 voies, dont 11,5 hors carrefours.

Les types d'accidents : selon les enquêtes RÉAGIR [SETRA, 1990], les accidents les plus souvent rencontrés font intervenir deux véhicules (61 % des accidents) et impliquent au moins une voiture de tourisme (86 % des accidents).

Les routes neuves

Les routes neuves à deux ou trois voies se caractérisent par :
– une réduction de 40 % des taux d'accidents hors carrefours ;
– une stagnation (ou une augmentation) des taux d'accidents aux carrefours plans.

Les facteurs accidentogènes

On s'intéressera par la suite aux caractéristiques routières des sections courantes et aux problèmes posés par les intersections.

Des caractéristiques routières défavorables

Une étude de l'INRETS [YERPEZ et FERRANDEZ, 1986] portant sur 700 km de routes nationales et s'appuyant sur l'analyse de 1 350 procès-verbaux d'accidents corporels a permis d'identifier des facteurs « route » contribuant à la genèse des accidents sur routes nationales. La plupart sont cités ci–après. D'autres facteurs participant à la sécurité secondaire (accotements, obstacles fixes) ont été étudiés notamment par le SETRA.

Les virages

Trois éléments principaux caractérisent le virage accidentogène :
– un rayon de courbure inférieur à 250 m,
– des variations trop brusques dans le rayon de courbure,
– des mauvaises caractéristiques de surface.

Un virage est le plus souvent dangereux quand deux défauts ou plus interviennent simultanément.

Les caractéristiques de surface

De mauvaises caractéristiques de surface (uni, rugosité) augmentent le risque d'accident à chaque fois que le véhicule a besoin d'un bon contact pneumatique-sol, c'est-à-dire, par exemple, en cas de freinage, de manœuvre d'évitement ou bien encore sur certaines sections plus difficiles (virages, approche de carrefour, zone de perte de visibilité).

Distance de visibilité

Ce facteur joue un rôle non seulement dans les manœuvres de dépassement, mais aussi dans la bonne assimilation des caractéristiques de la route et de son environnement. Des mauvaises distances de visibilité sont particulièrement dangereuses dans les virages et aux approches des intersections.

Le problème de la visibilité se pose aussi en ligne droite sous la forme d'un mauvais profil en long. Ce phénomène a été notamment observé sur la RN 124 entre Dax et Mont-de-Marsan [DSCR, 1991] où il était dû à des pertes de profils non perceptibles qui ont dû être rectifiées lors du réaménagement de ce tronçon.

Enfin, ce facteur est étroitement lié à la vitesse adoptée. On doit en fait raisonner en termes de temps d'adaptation aux situations routières. Il a été montré que des durées d'adaptation de 2 à 3 secondes pour un virage et de 6 à 10 secondes pour des intersections ou des zones de dépassement sont nécessaires.

La plate-forme

Nombre et affectation des voies : les situations suivantes sont toujours dangereuses et parfois accidentogènes :
– non affectation de la troisième voie ;
– manque d'une troisième voie affectée dans les montées ou dans les longs passages sinueux (moyenne montagne) ;
– les transitions des sections à 2 fois 2 voies vers des sections à 2 ou 3 voies, et les quelques kilomètres qui suivent (pendant lesquels les conducteurs conservent la conduite adoptée au cours de la section large).

Les accotements [SETRA, 1988] : leur mauvais aménagement constitue un facteur aggravant dans le déroulement des accidents.

Nature de l'accotement : un accotement non stabilisé aggrave les pertes de contrôle et rend difficiles les manœuvres d'évitement.

Largeur de l'accotement : pour un accotement stabilisé, une plus grande largeur améliore la situation.

Enfin, les dénivellations entre chaussée et accotements sont à éviter.

Les plantations d'alignement

La présence d'obstacles fixes le long des voies est un facteur important de la gravité des accidents. En particulier sur les sections plantées représentant 11 % de la longueur totale du réseau national, les accidents contre arbre représentent environ 20 % des accidents (ayant lieu sur ces sections) et les tués contre arbre 36 % des tués [SETRA, 1986]. Le principal facteur accidentogène est la courte distance séparant l'alignement d'arbres (ou autres obstacles) de la chaussée. Le nombre de tués pour 100 millions de véhicules-kilomètres est six fois supérieur à celui obtenu pour les distances supérieures à 4 mètres, lorsque cette distance est inférieure à 1,5 mètre.

L'installation d'une glissière de sécurité (bien choisie et bien installée, [QUINCY et VULIN, 1986]), permet de trouver un compromis, quand il n'est pas possible d'écarter les obstacles fixes.

Les facteurs accidentogènes liés à l'infrastructure sont bien identifiés.

En section courante de routes nationales ou départementales à grande circulation, en dehors de toute agglomération, même petite, l'infrastructure participe à l'insécurité routière essentiellement par l'intermédiaire des caractéristiques routières.

Tableau V :

Contribution des facteurs route dans la genèse des accidents sur routes nationales.
(Source : YERPEZ et FERRANDEZ, 1986).

Caractéristique routière	Impact accidentogène en pourcentage d'accidents sur route nationale
Les virages	12 %
Le revêtement	
– l'uni	6 %
– l'adhérence	7 %
Les distances de visibilité	3 %
La plate-forme :	
– hétérogénéité	3 %
– nécessité d'une 3ᵉ voie	4 %
– affectation de la 3ᵉ voie	3 %
– les accotements (facteur aggravant)	9 %

Par exemple 12 % du total des accidents se produisant sur routes nationales présentent un ou plusieurs facteurs accidentogènes liés aux caractéristiques des virages. Cependant « les pourcentages ci-dessus se ramènent à l'échantillon observé et selon une typologie d'accidents spécifiques de l'INRETS. Toute comparaison avec des résultats issus de traitements statistiques nationaux doit être menée avec prudence »

Les intersections

Les enjeux

En 1989, sur les routes nationales de rase campagne (en dehors des agglomérations de moins de 5 000 habitants), 20 % des accidents corporels ont eu lieu en intersection et ont provoqué 12 % des tués [ONSER, 1989].

Les accidents les plus souvent rencontrés sont les accidents de cisaillement et les collisions arrière ou frontales lors de manœuvres de tourne-à-gauche. Ces deux types d'accidents représentent 80 % des accidents en carrefours à 4 branches et 60 % des accidents en carrefours à 3 branches d'après une étude déjà ancienne, fondée sur l'analyse de 1 400 carrefours sur routes nationales et de 1 700 accidents en carrefour, étalée de 1978 à 1980 [AUBIN et GAMBARD, 1984].

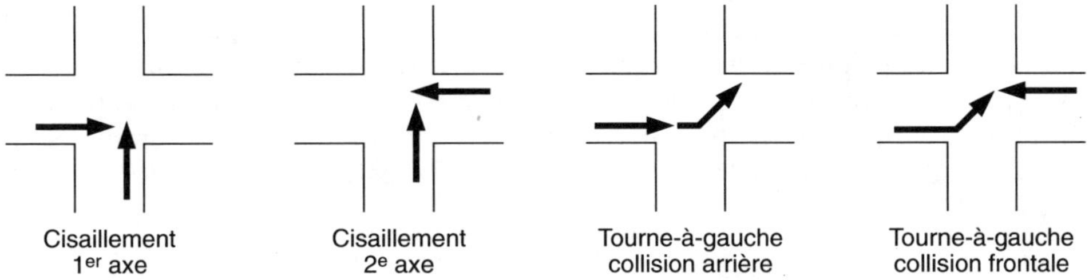

Figure 9 :
Principaux types d'accidents en carrefour.

<u>La nature des carrefours</u>

Les types de carrefours les mieux connus (et les plus souvent rencontrés) sont le giratoire, les carrefours en croix et ceux en té. On sait par exemple [SETRA, 1988] que le nombre annuel d'accidents est proportionnel :

– sur un carrefour giratoire au nombre de véhicules entrant sur le giratoire chaque jour ;

– sur un carrefour plan au trafic de la route secondaire.

En valeur 1983 (valeurs moyennes sur un ensemble représentatif de sites), les taux de proportionnalité et la gravité des accidents ont été estimés à :

Tableau VI :
Nombre et gravité des accidents en carrefour.
(Source : SETRA, 1988).

Type de carrefour	Nombre annuel d'accidents	Nombre de tués pour 100 accidents
Giratoire	0,35/10 000 véh. entrant par jour	2
Carrefour en té	0,45/1 000 véh. /jour sur route secondaire	12 à 15
Carrefour en croix	0,80 /1 000 véh./jour sur route secondaire	

Ainsi, suivant la nature du carrefour, on peut prévoir le bilan sécurité. Ces résultats déjà anciens permettent d'intégrer le critère sécurité dans le choix de réalisation de carrefours.

Les carrefours giratoires assurent un niveau de sécurité plus élevé que les carrefours plans.

Mauvais aménagement des intersections

On a déjà noté que des caractéristiques routières médiocres, par exemple une mauvaise adhérence de la chaussée à l'emplacement du carrefour ou encore lorsqu'en sortie d'intersection, le passage de 2 à 3 voies est trop court, pouvaient être à l'origine d'un accident ou en aggraver le déroulement. Mais une cause prépondérante d'accidents réside dans le non-aménagement de certains carrefours, particulièrement en lieux-dit ou en carrefour avec un chemin départemental supportant un trafic relativement élevé [YERPEZ et FERRANDEZ, 1986].

Les défauts sont principalement :
– le manque de visibilité ;
– l'absence de voie de tourne-à-gauche, alors qu'elle pourrait « supprimer deux tiers des accidents » [SETRA, 1988] ;
– l'absence d'îlot séparateur ou d'un redressement sur les routes secondaires, alors que le premier « pourrait réduire la fréquence d'accidents de cisaillement de 30 % » [SETRA, 1988].

La lisibilité des intersections

Au-delà des facteurs d'aménagement des carrefours, les études détaillées des accidents en intersection ainsi que celles relatives au comportement des conducteurs ont mis en évidence des défauts de perception et d'interprétation induisant des anticipations retardées ou inadaptées chez les conducteurs [YERPEZ et FERRANDEZ, 1986 ; SAAD et *al.* 1989 ; FLEURY, 1989]. On a pu ainsi montrer que certains aspects de l'infrastructure ont une influence sur le comportement des usagers :
– une intersection surdimensionnée peut provoquer l'impression de « mer de bitume » occasionnant un manque de compréhension ;
– certains carrefours, trop complexes, entraînent une perception erronée du régime de priorité et du sens de circulation des bretelles ;
– l'absence d'aménagement en amont d'une intersection, comme le rétrécissement des voies, la présence d'un long îlot central (environ 200 mètres), même si l'intersection est aménagée, ne permet pas à l'usager de se préparer à celle-ci (en termes d'attention et de vitesse) ;
– le maintien de zones de priorité ambiguë (zone de stockage en milieu d'un carrefour aménagé, bretelles d'insertion) sont ressenties comme des zones d'incertitude et génèrent une diminution de vitesse d'approche doublée d'une recherche de communication entre usagers en cas de conflit ;
– ou encore sur certaines voies larges, le conducteur ne perçoit pas l'ensemble des points de conflits jalonnant la traversée, et les véhicules prioritaires roulent relativement vite ; on assiste alors à des accidents en fin de traversée.

Ainsi, les facteurs de lisibilité sont de deux types :
– cohérence de l'intersection avec la perception que l'usager en a ;
– cohérence de l'aménagement de l'axe avec l'intersection qu'il contient.

En dehors des agglomérations même petites et en section courante de routes nationales ou de routes départementales à grande circulation, les facteurs d'insécurité liés à l'infrastructure sont essentiellement de caractère technique et sont relativement bien identifiés. On retiendra les rôles importants joués par des virages trop serrés ou par la présence d'obstacles fixes trop proches des voies de circulation. Cette bonne connaissance est essentiellement due à l'importance économique de ce réseau ainsi qu'à son unité de gestion (par l'État).

Toujours en rase campagne, mais en intersection, la stagnation des taux d'accidents aux carrefours plans des routes neuves, malgré, là encore, un niveau de connaissances pertinent des facteurs techniques d'insécurité, oblige à étudier les interactions entre la perception de l'usager et l'infrastructure.

La spécificité du réseau secondaire

Enjeu

La plupart des routes du réseau secondaire se caractérisent par un faible trafic (inférieur à 1 000 véhicules par jour) ou par une faible largeur de chaussée (inférieure à 5,50 m).

Le bilan de l'insécurité routière de 1989 pour le réseau départemental indique que [LEDRU, 1990] :
– 47 % des tués et un tiers des blessés sont enregistrés sur ce réseau ;
– la gravité des accidents est très forte : 55 victimes graves pour 100 accidents contre 38 en moyenne ;
– près de la moitié des accidents impliquent un seul véhicule qui, en général, quitte la chaussée (sur les routes nationales, les accidents à un seul véhicule représentent 29 % de l'ensemble des accidents) ;
– 36 % des accidents mortels ont pour origine un choc sur un obstacle fixe.
Enfin, les collisions entre plusieurs véhicules, en particulier les collisions frontales, sont à l'origine de 50 % des tués.

L'enjeu de la sécurité routière sur le réseau départemental et, par extension sur le réseau secondaire, est très important. Le bilan résumé ci-dessus révèle la spécificité de ce réseau : forte gravité des accidents, grand nombre d'accidents à un seul véhicule, fréquence des accidents par collision frontale.

Les caractéristiques routières

Les défauts de caractéristiques routières à l'origine d'accidents sur le réseau secondaire sont semblables à ceux énumérés dans le cas des routes nationales. On retrouve par exemple les problèmes concernant la bonne perception des carrefours. Cependant, certains traits sont plus accentués sur le réseau secondaire.

Le tracé

Le tracé de la plupart des routes du réseau secondaire reprend celui d'anciens chemins dont la conception remonte à plus d'un siècle. Il n'est donc pas adapté à la circulation automobile. En particulier, le nombre élevé de virages trop serrés explique en partie que 60 % des accidents sur le réseau secondaire ont lieu dans une courbe. De plus, à la différence du réseau national, le tracé du réseau secondaire a été assez peu amélioré.

La largeur de la chaussée

Les chaussées du réseau secondaire sont étroites et favorisent notamment les collisions frontales. En général, les accidents sont provoqués par la combinaison d'une chaussée étroite et d'un manque de visibilité.

Les abords

Comme pour les routes nationales, la présence d'obstacles fixes le long des routes est un facteur très aggravant (en particulier les poteaux). La présence de végétation, de panneaux sur les abords est souvent à l'origine d'un mauvais dégagement de visibilité. L'entretien de ces abords est essentiel.

La lisibilité de l'infrastructure

De même que pour les autres types de routes, la lisibilité est en cause. Sur le réseau secondaire, les intersections à problème sont en général très « peu lisibles » à la fois dans leur situation (en virage ou très larges) et dans leur aménagement (régime de priorité ambiguë) [FLEURY, 1989].

Les virages des petites routes, source d'insécurité, ont été étudiés sur le plan de la lisibilité [VANIOTOU, 1990]. Il s'avère que les configurations de virages correspondent à des représentations mentales spécifiques à certaines situations environnementales (environnement plat ou accidenté, repères horizontaux et verticaux, contrastes lumineux) et relativement indépendantes d'un individu à l'autre.

Ainsi, la sécurité en rase campagne doit pouvoir être améliorée par des « solutions environnement » permettant de donner au conducteur une image du tracé correspondant à la réalité.

Une mauvaise connaissance de l'insécurité routière

Le faible trafic

Les routes peu fréquentées posent deux types de problème en matière de sécurité routière. D'une part, les analyses statistiques traditionnelles atteignent leur limite d'application. En particulier, un accident doit être considéré comme un événement rare et lui attacher une probabilité devient douteux. Ainsi l'approche scientifique de l'insécurité sur ces réseaux est plus difficile. D'autre part, se pose un problème de rentabilité des opérations de sécurité routière. Une campagne de mesure de trafic par exemple doit être très étendue pour être scientifiquement pertinente, elle est donc très chère. Ou bien encore, le coût de l'aménagement d'une route supportant 500 véhicules par jour est-il équilibré par le gain de sécurité pour la collectivité ?

Qui fait quoi ? Ou la crainte d'actions incohérentes

Le ministère de l'Équipement et des Transports n'est pas gestionnaire des routes du réseau secondaire. Cependant, les compétences scientifiques en matière de sécurité de ce réseau, même si elles sont imparfaites, sont regroupées au sein d'organismes qui lui sont rattachés : SETRA, CETUR, INRETS (aussi sous la tutelle du ministère de la Recherche), les CETE, ONSER, etc.

La gestion des réseaux départementaux et communaux revient aux élus locaux et à leurs services techniques. Ces derniers doivent faire face à des problèmes de sécurité routière débordant largement le cadre du réseau secondaire de rase campagne. Ils sont amenés, en effet, à engager des actions à la fois sur les routes départementales à grande circulation, sur le réseau secondaire et en milieu urbain ou péri-urbain.

Deux mécanismes conduisant à la mise en œuvre d'actions incohérentes sur le réseau secondaire peuvent être mentionnés. D'une part, une mauvaise transmission de la connaissance des services techniques de l'État vers ceux des collectivités locales. D'autre part, une certaine impatience des élus locaux devant la méconnaissance des facteurs d'insécurité sur le réseau secondaire, qui peut par exemple les encourager à mettre en œuvre des aménagements dont l'impact sur la sécurité n'a pas été vérifié ou bien encore, à appliquer des méthodes qui ont montré leur efficacité pour d'autres types de voirie et d'environnement. Ces méthodes ne sont pas nécessairement efficaces sur le réseau secondaire.

Le réseau secondaire se caractérise en matière de sécurité routière par :

– un enjeu très important (47 % des tués sur le réseau départemental en 1989) ;

– des caractéristiques routières médiocres : tracé difficile, mauvaise visibilité, abords agressifs ;

– des difficultés pour identifier des solutions efficaces à cause notamment d'une connaissance limitée des facteurs d'insécurité.

En milieu urbain

Enjeu

C'est en milieu urbain (toutes agglomérations confondues) qu'ont eu lieu, en 1989, 72 % des accidents corporels provoquant 35 % des tués de cette année-là [ONSER, 1989]. Les petites agglomérations (de moins de 5 000 habitants) se caractérisent par une forte gravité des accidents. Enfin, les tués en milieu urbain sont pour 44 % des usagers de voiture et pour 44 % des piétons ou usagers de deux-roues.

Un milieu complexe

Le milieu urbain est intrinsèquement complexe en raison notamment de la diversité de ses usagers et de sa densité. On trouve, en effet, sur les voiries urbaines l'ensemble des usagers de la route : les piétons, deux-roues, voitures, poids lourds. De plus, se confrontent en permanence la vie locale et le trafic de transit. Enfin, en ville se concentre par définition un grand nombre d'activités, ce qui se traduit sur l'espace par une forte densité d'équipements.

Dans les petites agglomérations, les problèmes de cohabitation entre la circulation de passage et la vie locale sont prédominants. Dans les villes, c'est la densité des activités qui accentue les conflits entre les différents usagers.

Par ailleurs, les acteurs de l'aménagement de la voirie urbaine sont nombreux. La réalisation d'une route ou d'une rue fait appel aux compétences de l'ingénieur bien sûr, mais aussi de l'urbaniste ainsi qu'au vécu des habitants directement ou par l'intermédiaire des élus.

Un manque de cohérence entre l'infrastructure et son environnement

La recherche sur la sécurité routière en milieu urbain n'a pas permis d'isoler des facteurs prépondérants liés à l'infrastructure. Elle s'est au contraire orientée, à partir des études détaillées d'accidents, vers une compréhension plus avancée des phénomènes d'interactions entre le conducteur en situation de conduite et l'environnement qu'il traverse. Les travaux récents [FLEURY, 1989] ne débouchent pas sur des recettes mais plutôt sur des idées fortes et sur une méthode permettant d'intégrer la complexité de chaque site.

La lisibilité de la route : quelques idées particulièrement illustrées en milieu urbain

La coupure : l'effet de coupure d'une voie urbaine doit être considéré comme créant de l'insécurité. Il est souvent à l'origine d'accidents impliquant piétons et deux-roues.

La cohérence : comme en rase campagne, on cherchera à affirmer la cohérence des aménagements, en particulier celle d'un axe avec sa fonction (écoulement de trafic, rue commerçante) ou, plus globalement, celle du type d'aménagement avec l'environnement urbain (entrée de ville, centre ville...).

L'homogénéité : pour un même itinéraire, pour des situations se répétant (nombreuses intersections), l'homogénéité des aménagements facilite la compréhension des conducteurs.

L'hétérogénéité : la présence d'un problème ponctuel doit être signalée au conducteur. On cherchera à éveiller son attention par des équipements différents de ceux rencontrés auparavant.

Un aménagement est un compromis : quand les usagers sont nombreux, l'aménagement ne peut être satisfaisant pour tous. Certains vont être privilégiés, d'autres non et, par conséquent, certains types d'accidents seront évités, d'autres non.

La méthode diagnostique

La méthode diagnostique repose sur une démarche pluridisciplinaire intégrant le vécu des habitants (ou des élus), les techniques d'aménagement routier et, enfin, les principes d'urbanisme.

Le diagnostic de sécurité

La difficulté d'une telle méthode se retrouve notamment dans l'étape du diagnostic de sécurité. Il s'agit de conduire à la fois des analyses statistiques (à partir des données exhaustives et fiables d'accidents du site), causales (à partir de dossiers détaillés d'un échantillon d'accidents) et environnementales (utilisation de la voie, connaissances générales sur l'insécurité associée à certaines configurations...). On trouvera figure 10 un exemple tiré de *Savoir-faire et techniques* [CETUR, 1990].

Le diagnostic général

Le diagnostic sécurité décrit plus haut est intégré à un diagnostic plus général prenant en compte l'organisation des déplacements, le vécu des usagers (locaux et de passage) et, enfin, l'espace urbain. Il permet de synthétiser l'ensemble des analyses. Le trafic automobile et les performances routières ne sont plus nécessairement les priorités, mais sont replacés dans le cadre plus complexe de la cohabitation de l'ensemble des usagers.

Les éléments d'aménagement

Des réalisations concrètes résultant par exemple de la procédure « Ville plus sûre, quartiers sans accidents » ont mis en évidence la richesse des techniques mises en œuvre. L'objectif commun de ces réalisations est de favoriser l'émergence d'un état d'esprit de sécurité.

DIAGNOSTIC SECURITE - LE CAS DE PONCHARTRAIN (78)

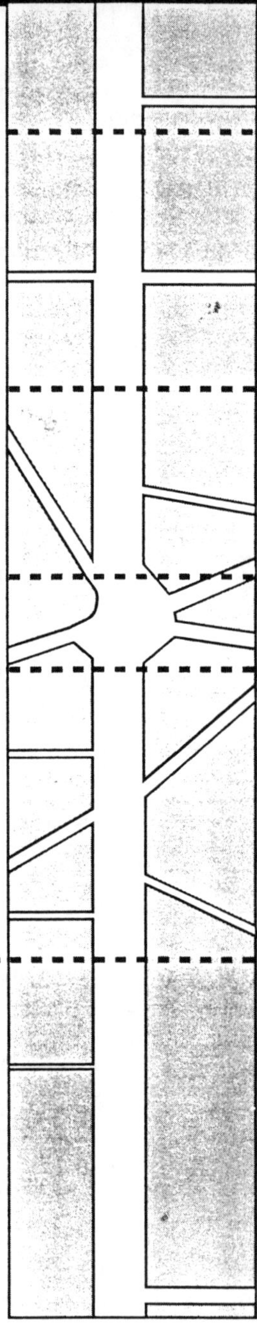

SEQUENCE	VISION	LISIBILITE	COMPORTEMENT
URBAINE PEU STRUCTUREE	• Le carrefour de la rue de la porte d'Andin est peu visible	• Front bâti peu homogène - peu de vie urbaine • Entrée de ville peu marquée, très progressive • Peu de différence entre chaussée et trottoirs	• Tendance à brûler le feu de la rue des fontaines
COMMERCANTE	• Vision peu limitée • Pas de fond de perspective • Feu tricolore visible	• Zone confuse • L'automobiliste peut porter son regard loin	• Descente et accélération • L'interdiction de dépasser n'est pas respectée
PLACE FOCH	• Place centrale • Peu perçue	• Caractère urbain très marqué	• Léger ralentissement • Hésitation
TRES COMMERCANTE	• Confusion visuelle candélabres / feux / enseignes • Passages piétons peu visibles rue de Neauphles • Absence de fond de perspective mais feu visible	• Faible perception des piétons sur les trottoirs • Stationnement latéral omniprésent • Absence de marquages sur chaussée : effet largeur	• Les automobilistes accélèrent entre les deux feux • L'interdiction de dépasser n'est pas respectée • Les deux roues ont tendance à rouler sur les trottoirs par peur de la circulation
URBAINE PEU STRUCTUREE	• L'entrée en agglomération se découvre brutalement • Le passage piéton devant l'hôtel restaurant est peu visible • Vision limitée par le stationnement poids lourds	• Même matériau sur chaussée / stationnement / trottoirs : effet largeur • Vie urbaine et présence des piétons peu affirmées • La vue sur les boisements rend l'entrée de ville peu lisible	• Pente, linéarité et largeur visuelle de chaussée = forte accélération • Stationnement inconfortable en dévers • Le tourne à gauche en direction de Pontchartrain est dangereux • Manœuvres de poids lourds qui cherchent à stationner

Figure 10

PRESENTATION SIMPLIFIEE DU DIAGNOSTIC REALISE A MÜTZIG

CONSTAT	MORPHOLOGIE	USAGES	OBJECTIFS
ZONE SEMI-URBAINE	• Faible densité du bâti • Peu de commerces	• Vitesse auto excessive • Peu de piétons et 2 roues • Carrefour peu visible	REDUIRE LA VITESSE
ENTREE CENTRE	• Bâti dense, resserré • Pente légère	• Trottoir étroit • Arrêt courte durée • Chaussée large	RENFORCER ENTREE
GOULOT	• Bâti trés resserré	• Effet paroi ralentissement • Pbs piétons	UN ATOUT A UTILISER
PLACETTE	• Peu perceptible • Accés lotissement	• 2 roues nombreux • Rassemblement des jeunes	VEGETALISER CREER UNE PLACE
SECTEUR CENTRAL	• Espace linéaire fermé • Bâti diversifié hétérogène	• Commerces nombreux • Traversées nombreuses • Vitesse excessive	VALORISER L'APPAREIL COMMERCIAL
CHARNIERE	• Emprise large • Débouché	• Trajets scolaires	
PLACE	• Bâti typique • Fontaine	• Tourisme : cars • Piétons nombreux • Lieu symbolique	RENFORCER L'USAGE
CHARNIERE	• Emprise réduite • Bâti diversifié	• Stationnement anarchique courte durée	CONFORT PIETONS
PORTE	• Monument symbolique	• Débouchés piétons et 2 roues	METTRE EN VALEUR
ENTREE CENTRE	• Peu structuré • Emprise large	• Carrefour dangereux • Porte visible	SECURITE AMELIORER L'IMAGE

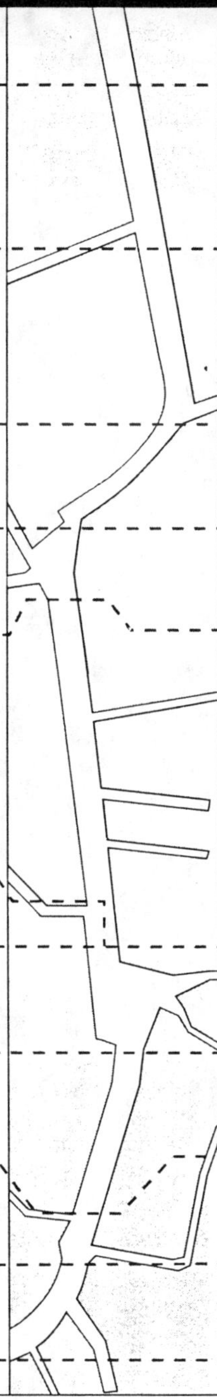

Figure 11

Figure 12 Ph. LEVIVIER

En matière de voiries, on jouera sur les matériaux de chaussées, les largeurs, le type de tracé (chicanes, courbes...), la forme des abords. Les éléments d'aménagement urbain sont, par exemple, la répartition de l'espace urbain entre les différents usagers, les perspectives, les espaces verts, l'implantation de carrefours.

Des ouvrages très bien illustrés comme *P'tit Agor* [SETRA, 1987] et *Savoir-faire et techniques* [CETUR, 1990] permettent de se rendre compte des effets de tels aménagements.

Enfin, on notera pour mémoire toutes les techniques de régulation de trafic (voir, par exemple, [COHEN, 1986]), de hiérarchisation des voies qui fournissent aussi des réponses partielles aux problèmes d'insécurité routière en milieu urbain.

La spécificité des petites agglomérations

Les traversées d'agglomérations : un effet pervers de la remise en état du réseau routier

C'est dans les traversées des petites agglomérations que le décalage entre l'aménagement de l'infrastructure et le milieu environnemental est le plus frappant [SETRA, 1987]. On constate en effet que, dans beaucoup de cas :
- les performances routières sont relativement élevées ;
- l'automobiliste n'a pas une perception pertinente de l'environnement urbain ;
- l'automobiliste n'est pas incité à tenir compte des autres usagers de la voirie, en particulier ceux de la vie locale.

Ces difficultés sont paradoxalement liées à l'amélioration du réseau routier français entreprise dans les années soixante. Un hiver très rigoureux (1962-1963) renforça la prise de conscience des insuffisances notoires du réseau routier de l'époque. L'objectif évident était alors l'amélioration des performances des routes (et prioritairement du réseau national). En particulier, suivant la norme « Instructions sur les conditions techniques d'aménagement des routes nationales » (ICTARN), un grand nombre d'opérations de renforcement ont été menées sur le terrain. Or, dans cette norme, si les problèmes d'interactions entre le véhicule et la route (adhérence...) sont pris en compte, le comportement du conducteur, lui, a été oublié. Le système homme-véhicule est réduit à son expression cinématique d'objet roulant. Incomplète, cette norme a, de plus, été appliquée dans un grand nombre de petites agglomérations traversées par une route nationale, un milieu pour laquelle elle n'avait pas été conçue.

Les connaissances sur le comportement de l'automobiliste, acquises ces dernières années, permettent d'interpréter les bilans désastreux en matière de sécurité routière de certaines opérations de renforcement (en particulier la prise en compte du confort de l'infrastructure dans l'activité de conduite).

Des accidents plus graves qu'ailleurs

En 1989, plus d'un accident corporel sur dix a eu lieu dans une agglomération de moins de 5 000 habitants provoquant près de 15 % des tués. De plus, les accidents corporels de ces petites agglomérations représentent près de 15 % des accidents en milieu urbain et près de 40 % des tués [ONSER, 1989]. Les accidents en petites agglomérations sont donc relativement nombreux et plus graves que la moyenne nationale.

On notera aussi que plus l'agglomération est petite, plus la gravité des accidents est grande.

La cohabitation entre vie locale et circulation de passage

Comme l'écrit Fleury [FLEURY et *al.,* 1985] à partir de l'Étude détaillée d'accidents : « L'usager en traversée d'une petite agglomération parle, sur les lieux de l'accident, de la gêne que lui causent les réductions d'emprise et de visibilité, la multiplication des intersections et des sinuosités. Son comportement tend, parfois, à ne prendre cette nouvelle situation en compte que de façon très minimale.

« L'usager local, par contre, a une appréhension toute autre des lieux, qui lui apparaissent d'abord dans leur signification urbaine. Il va faire une course, il rentre chez lui et, de ce fait, effectue un tourne-à-gauche ou, même, il utilise la voirie pour tester sa motocyclette.

« On voit donc apparaître une contradiction entre deux *compréhensions* indépendantes d'un même lieu suscitant des comportements qui parfois peuvent entrer en conflit ».

Les transitions très rapides entre les types d'environnement

Les passages de l'environnement rase campagne à l'entrée de l'agglomération, puis à la traversée du centre-ville et, enfin, aux zones intermédiaires (urbanisation dense, pas de commerce) se font rapidement. L'usager les perçoit mal, ou bien même n'en tient pas compte. Certains types d'accidents peuvent être corrélés à certains types d'environnement. Par exemple, en centre-ville traversé par une « route-rue » à deux voies, les difficultés sont de deux types :
– « conflits entre les véhicules traversant l'agglomération et ceux participant des mouvements sécants liés à l'activité locale ;
– « difficultés d'anticipation et de trajectoires liées aux profils (variés) des infrastructures » [FLEURY et *al.,* 1985].

Les petites agglomérations sont le lieu d'accidents plus graves que sur les autres parties du réseau routier. Les transitions brutales entre différents types d'environnement sont souvent à l'origine des difficultés ressenties par les conducteurs.

Conclusion

En milieu urbain, l'insécurité routière trouve son origine dans la façon dont est traduite et perçue par l'automobiliste la complexité de l'environnement. Les qualités techniques de l'infrastructure ne

sont pas prépondérantes, les causes d'insécurité sont bien plus à rechercher dans les interactions conducteur–aménagement routier et urbain. C'est le cas en particulier des petites agglomérations traversées par des routes nationales offrant un niveau de service élevé, mais ne permettant pas à l'automobiliste en transit de prendre en compte la vie locale.

La lisibilité de la route et ses principes, la rigueur d'analyse de l'approche diagnostique ont permis de caractériser et de modifier certaines situations accidentogènes.

Le paradoxe entre confort et sécurité

La problématique

Une opinion à tempérer

Selon une opinion assez répandue, améliorer le confort de la conduite sur une infrastructure améliore aussi la sécurité. On peut penser que cette opinion traduit l'excès de confiance à l'égard de la technique. En fait, il n'y a pas de tendance générale favorable, car il faut tenir compte, là encore, du comportement du conducteur.

L'homéostasie du risque

L'amélioration du confort d'une section conduit les automobilistes à adopter des comportements de compensation, en général plus risqués : vitesse plus élevée, attention plus relâchée, etc. C'est bien ce que prévoit le modèle d'« homéostasie du risque » [ASSAILLY, 1990] fondé sur l'hypothèse selon laquelle les individus cherchent à maintenir un niveau non nul de risque subjectif. Quoique controversé, il semble être confirmé sur le terrain par le bilan sécurité des opérations de renforcement coordonnées. Ainsi, certaines corrections de « points noirs » se sont soldées par une stagnation (voire une augmentation) de la mortalité routière, alors qu'*a priori* une analyse des caractéristiques routières laissait espérer une baisse du risque objectif.

Le confort des uns n'est pas le confort des autres

L'exemple le plus marquant concerne certaines traversées d'agglomération où les automobilistes bénéficient d'un grand confort aux dépens des piétons.

Exemples

Les opérations de renforcements coordonnés

Les objectifs du programme de renforcement des routes nationales lancé en 1989 étaient triples :
– protéger les corps de chaussées contre les effets du gel ;
– adapter les structures de chaussées au trafic et notamment au trafic lourd ;
– profiter des travaux pour calibrer les chaussées de largeur insuffisante, de manière à homogénéiser les itinéraires et à améliorer la fluidité et la sécurité du trafic.

Ce dernier objectif concernant la sécurité n'a pas vraiment été atteint. En effet, on a constaté que, bien que les nombres, ainsi que les taux d'accidents et de tués soient plus faibles sur les routes renforcées, le nombre de tués par accident s'est accru. En outre, l'analyse des types d'accidents montre que des effets négatifs sont apparus en agglomération, en intersection, de virage et de nuit. En agglomération, par exemple, les taux d'accidents ont augmenté de 21,8 %, ceux des tués de 6,5 %.

L'éclairage des autoroutes

Un bilan des études internationales concernant l'éclairage et la sécurité fait à partir de sept études menées tant en rase campagne que sur autoroutes [SETRA, 1990] ne repère aucune tendance significative : « dans l'état actuel des connaissances, rien n'établit que l'éclairage des autoroutes de rase campagne apporte un gain de sécurité. Pour les autoroutes de dégagement en milieu urbain une tendance positive semble apparaître, mais il n'est pas non plus possible de chiffrer le gain de sécurité ».

Le marquage des routes étroites (largeur inférieure à 5 mètres)

Les dispositifs de guidage constituent, en général, un élément de confort pour les usagers. Sont-ils cependant éléments de sécurité routière ? Le marquage sur petites routes soulève ce type de question. Il est, en effet, un élément déterminant dans la conduite automobile par ses effets sur la lisibilité du lieu, sur le guidage du véhicule et sur l'anticipation de la trajectoire.

Une étude [SCHWANDER, 1989] sur les chemins départementaux à deux sens et à une chaussée de 4 à 6 mètres de large, considère « qu'il n'est pas possible de conclure sur l'efficacité du marquage des voies étroites vis-à-vis de la sécurité routière. Cependant, sur un aspect ponctuel du problème — collisions frontales entre deux véhicules — l'utilité des marques en conditions diurnes semble réelle ».

Conclusion

Les facteurs d'insécurité liés à l'infrastructure sont de deux types :
– défauts de conception technique des routes ;
– défauts concernant l'adéquation de l'infrastructure à l'environnement, induisant à des erreurs d'interprétation de la part du conducteur.

Le tableau VII présente schématiquement le type de facteurs prédominants et la spécificité de chaque type de voirie ou section de voirie.

Tableau VII

	Type de voirie	Facteurs d'insécurité	Spécificité
Rase campagne	Autoroute	Les facteurs liés à l'infrastructure ne sont pas des facteurs d'insécurité prépondérants	Haut niveau de confort et de sécurité (pas de points de conflits, etc.)
Rase campagne	Route nationale : – section courante – intersection	• Caractéristiques routières • Lisibilité de la route	Gestion nationale
Rase campagne	Réseau secondaire – section courante – intersection, virage	• Caractéristiques routières, tracé ancien • Lisibilité	• Mauvaise connaissance de l'insécurité routière • Investissements peu rentables • Gestion locale
Milieu urbain	Traversée de petites agglomérations	• Aménagement • Lisibilité	• Cohabitation nécessaire entre trafic de transit et vie locale
Milieu urbain	Ville, voirie urbaine	• Lisibilité • Urbanisme	• Milieu très complexe • Action pluri-disciplinaire

On retiendra que le travail des ingénieurs routiers des trente dernières années a aidé à mieux connaître les facteurs accidentogènes liés à la technique routière. Il a permis aussi, par certaines conséquences malheureuses des opérations de renforcement, de mettre à jour le conflit entre confort de la conduite et sécurité routière. Cependant, les connaissances en matière de lisibilité de la route, explorant les interactions entre comportement du conducteur et perception de l'aménagement routier apportent un éclairage nouveau sur le rôle de l'infrastructure. Particulièrement en milieu urbain, mais aussi, et de plus en plus, en rase campagne, aux carrefours, l'aménagement de la voirie par des équipements typés et d'interprétation immédiate (plus facile que celle qu'offre la signalisation) est désormais considéré comme une aide à la conduite.

6 La vitesse : une composante essentielle de l'insécurité routière

La vitesse pose un problème fondamental à la sécurité routière. De plus, elle est un facteur difficilement classable, puisqu'elle est à la fois concept scientifique et valeur sociale. Les quelques pages qui suivent cherchent donc à éclairer, en insistant sur les aspects sociaux, les mots de Pierre Rousseau : « Avouons le donc : dauber sur la vitesse ne peut être, sauf cas, si nous osons dire, d'antédiluvianisme caractérisé, qu'hypocrisie, attitude d'emprunt et snobisme. Au surplus, qu'on le veuille ou non, la vitesse est là : c'est une maîtresse qui nous gruge, qui nous ronge et nous dévore, mais nous entraîne irrésistiblement et à laquelle, en dépit de nos airs navrés, nous nous abandonnons avec complaisance et sérénité. Le démon de la vitesse ? Il possède l'humanité depuis sa naissance, et c'est à lui que le progrès technique a sacrifié le plus volontiers » [ROUSSEAU, 1948].

La vitesse est un facteur d'accident

Les effets incontournables de la vitesse

Des lois physiques implacables

La vitesse est source d'énergie, énergie qui, au cours d'un choc, se dissipe en déformant les corps participant au choc. Plus la vitesse d'impact est élevée, plus les déformations des corps sont importantes. Comme le dit plus concrètement Claude Got : « Si l'on peut se tuer en tombant de sa chaise et survivre après une chute de trois étages, il est beaucoup plus fréquent d'observer le contraire » *in* [COLOMB, 1990].

En bref, la vitesse tue. Le tableau VIII donne une évaluation des effets de la vitesse sur un conducteur en cas d'accident.

Vitesse et véhicule

La vitesse intervient à deux niveaux dans la cinématique du véhicule.

Tableau VIII :

Evolution du nombre d'indemnes en fonction de la vitesse estimée avant accident.
(Source : ONSER, 1989).

Vitesse avant accident (en km/h)	50-60	80-90	110 et plus
Pourcentage d'indemnes	88,4	78,7	53

Les distances d'arrêt : paramètre fondamental en matière de circulation et de sécurité, la distance d'arrêt d'un véhicule est la somme de la distance de réaction (distance parcourue entre le moment où le conducteur perçoit un danger et celui où il freine) et de la distance de freinage. La distance de freinage est proportionnelle au carré de la vitesse et inversement proportionnelle au coefficient de frottement (chaussée sèche ou humide).

Le tableau IX donne les chiffres correspondant à une attention diffuse (temps de réaction de 2 secondes) et à un freinage d'urgence sur chaussée sèche (décélération maximale de 7 m/s^2).

Tableau IX :

Distance d'arrêt d'un véhicule en fonction de sa vitesse.
(Source : CETUR, 1991).

Vitesse (km/h)	Vitesse (m/s)	Distance (m) de réaction	Distance (m) de freinage	Distance (m) d'arrêt
30	8,25	16,5	5	21,5
50	14	28	13,5	41,5
60	16,75	33,5	19,5	53
70	19,5	39	27	66
80	22,2	44,5	35	79,5
90	25	50	44,5	94,5
110	30,5	61	67	128
130	36	72	93	165

L'énergie de choc : ce point est général comme il a été vu précédemment. Cette énergie est proportionnelle à la masse du véhicule et au carré de la vitesse.

Le tableau X illustre la très grande sensibilité à la vitesse.

Tableau X :

Energie de choc en valeur relative. Base 100 à 60 km/h.
(Source : CETUR, 1991).

Vitesse en km/h	10	30	50	60	70	80	90	110	130
Energie en %	3	25	69	100	136	178	225	336	469

La vitesse : la contrainte temporelle de la conduite

Outre ses effets cinématiques, la vitesse a un impact important sur la conduite. Les contraintes de la conduite dues aux caractéristiques des véhicules, à l'infrastructure et à son environnement, au trafic, à la réglementation font de la conduite une tâche difficile. Ces contraintes sont le plus souvent imposées au conducteur. En revanche, la vitesse relève du choix du conducteur et impose à toutes les contraintes précédentes une contrainte temporelle.

Plus la vitesse choisie est élevée, plus la conduite est difficile, et plus le niveau de risque du conducteur et des autres usagers de la route est élevé.

De plus, le rôle de la vitesse dans l'insécurité se remarque particulièrement en agglomération. Plus précisément, alors que le taux de gravité des accidents en agglomération est plus faible qu'en rase campagne, la vitesse excessive apparaît comme l'un des facteurs ayant contribué à l'accident grave dans un cas sur deux au moins, soit le même ordre de grandeur qu'en rase campagne. Ceci peut s'expliquer par le fait que si la vitesse moyenne de circulation en ville est plus basse qu'en rase campagne, la complexité du milieu urbain est sans commune mesure avec celle de la rase campagne. En particulier, la densité des informations à traiter implique une attention plus soutenue et un temps de traitement plus long.

Les faits statistiques

La vitesse : facteur d'accident

Sur le réseau routier français, les 15 000 enquêtes RÉAGIR ont mentionné le facteur vitesse dans 48 % des accidents mortels. Pour la moitié des accidents, la vitesse était inadaptée aux circonstances de conduite, pour l'autre moitié la vitesse était supérieure aux limites autorisées. D'autres chiffres peuvent être relevés dans les statistiques de la gendarmerie ou de l'Association pour la sécurité des autoroutes (ASSECAR). Ils indiquent tous que la vitesse est une des composantes principales de la genèse et de la gravité des accidents.

Toutes les expériences de limitations de vitesse le confirment

Enfin, les nombreuses expériences de limitations de vitesse ont permis de confirmer et de quantifier l'influence du facteur vitesse. Qualitativement, il est remarquable de constater que, dans tous les cas connus, la limitation généralisée de vitesse a un impact très sensible sur le nombre des accidents graves et sur le nombre de tués. Plus précisément « chaque fois que les limitations de vitesse précédemment fixées ont été relevées, on a constaté une aggravation de la sécurité routière. *A contrario,* chaque fois que, partant de limitations de vitesse préalablement fixées, on a diminué leur seuil, la sécurité routière s'est trouvée améliorée » [DSCR, 1989].

En 1982, une expérimentation de réduction des vitesses limites en ville de 60 à 50 km/h, conduite en Suisse, a fait diminuer le nombre d'accidents de 9,3 %. En 1987, aux Etats-Unis, le relèvement des vitesses limites sur les autoroutes de certains Etats de 55 mph (miles per hour) à 65 mph a provoqué un accroissement de 18 % du nombre de tués. Un bilan quantitatif plus complet semble indiquer, comme le mentionne le *Livre blanc* de la Sécurité routière, qu'« un relèvement de 10 km/h des vitesses maximales autorisées se traduirait par une augmentation des accidents graves estimée à 12 % » [DSCR, 1989].

Le cas de l'Allemagne fédérale :

Ce pays est souvent décrit comme ayant de meilleurs résultats en matière de sécurité routière que la France bien qu'échappant aux limitations de vitesse. En fait, le cas de l'Allemagne fédérale n'est pas probant car :

– « les vitesses sont limitées, étroitement contrôlées et, généralement, bien respectées sur tous les réseaux, excepté les autoroutes de liaison. Ce dernier réseau ne supporte qu'au plus 12 à 15 % de la circulation totale du pays ;

– « les taux d'accidents et de mortalité routière sur les autoroutes de liaison sont bien cachés. Seul le taux de mortalité correspondant à la totalité du réseau autoroutier est connu et est comparable au taux français » (*Livre blanc* de la Sécurité routière [DSCR, 1989]).

Les lois élémentaires de la physique, l'impact direct sur la difficulté de la conduite font de la vitesse un des facteurs accidentogènes principaux. La remarquable cohérence des données statistiques vient confirmer ce fait. Ainsi, l'adoption par les conducteurs de vitesses inadaptées ou excessives est un obstacle majeur à la sécurité des déplacements de l'ensemble des usagers de la route.

L'image sociale de la vitesse

Le vécu de la vitesse

Des indices menaçants

Certains indices laissent penser que, en dépit du rôle désastreux de la vitesse dans l'insécurité routière, en dépit des limitations légales, les conducteurs y restent attachés.

Les vitesses pratiquées : on observe au cours des années quatre-vingt que les vitesses moyennes pratiquées sur les différents axes sont en légère augmentation. Entre 1983 et 1988 sur les autoroutes de liaison, limitées à 130 km/h, la vitesse moyenne pratiquée est passée de 108 km/h à 112 km/h et le nombre de véhicules dépassant 140 km/h de 4 % à 7 %. Pendant la même période, sur les routes départementales à grande circulation, limitées à 90 km/h, la vitesse moyenne augmente de 87 km/h à 91 km/h et le nombre de véhicules dépassant 100 km/h de 22 % à 30 % [DSCR, 1989].

Les vitesses de pointe des véhicules : en 1967, 28 % des voitures françaises offraient des vitesses de pointe inférieures à 110 km/h, et 10 % supérieures à 150 km/h. En 1987, les voitures avec une vitesse de pointe inférieure à 110 km/h ne sont plus sur le marché ; par contre 73 % du parc français offre des vitesses de pointe supérieures à 150 km/h [DSCR, 1989].

Attitudes vis-à-vis de la vitesse automobile

Une enquête intitulée : « Les Français, le risque et la sécurité » a dégagé au sein de l'opinion trois tendances distinctes [CAUZARD, 1990] :

– la première tendance est celle du refus de la vitesse, de l'approbation de ses limitations et du respect des prescriptions. Elle est adoptée le plus souvent par des personnes âgées, des femmes, des veufs, des personnes mariées, catholiques pratiquantes, de communes rurales, de revenu et de niveau d'étude faibles. La vitesse est considérée comme menaçante ;

– la deuxième tendance est celle de l'acceptation à la fois de la vitesse et de sa limitation et aussi de la liberté vis-à-vis des prescriptions. Elle est le plus souvent adoptée par des gens d'âge moyen, des hommes, de niveau d'étude élevé, des habitants de Paris et de sa région ;

– enfin, la troisième attitude est celle de la recherche de la vitesse, du refus des limitations et du rejet des prescriptions. On la trouve chez les personnes très jeunes, célibataires, non entrées dans la vie active. La réalité du risque n'a pas de prise sur cette attitude.

Figure 13 :
Vous arrive-t-il de dépasser les limites de vitesse ?
(Source : CAUZARD, 1989).

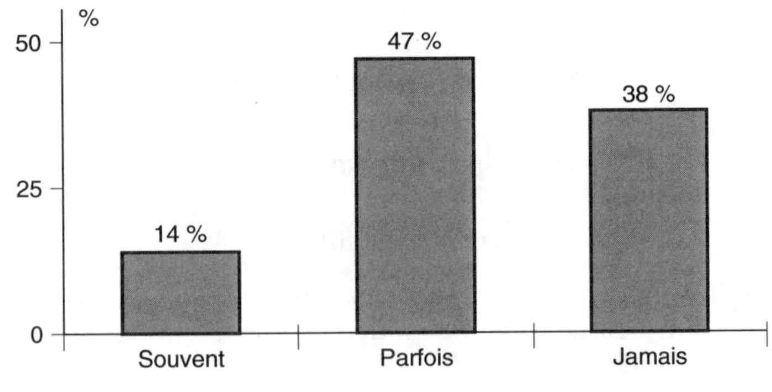

L'histogramme des réponses ci-dessus donne un ordre de grandeur de l'importance relative des trois attitudes décrites. La tendance la moins perméable aux arguments de sécurité représente environ un sixième de la population. En revanche, les limitations de vitesse sont approuvées, bien qu'elles ne soient pas nécessairement respectées, par une grande majorité de la population.

On devine donc que l'approbation majoritaire du principe de la limitation de la vitesse s'accompagne d'une liberté de transgression importante, confirmée par ailleurs par l'analyse des vitesses pratiquées.

Des facteurs incitant à la vitesse sur la route

Le gain de temps : souvent une illusion ?

L'usage de la vitesse donne la possibilité ou l'illusion au conducteur de la maîtrise d'une dimension de la gestion de sa vie sociale. Par exemple, alors que les deux extrémités du trajet domicile-travail sont fixées, le conducteur peut être tenté de s'approprier les contraintes du temps de transport. On peut penser que le gain effectif est relativement court si on se réfère à la durée moyenne du déplacement domicile-travail qui est de 21 minutes en France (31 minutes en région parisienne, 18 minutes en province).

Pour les conducteurs professionnels, le temps de transport est un temps de travail et le véhicule, l'outil de travail. L'usage de la vitesse est objectivement une nécessité du métier.

Selon le sondage d'opinion « Les Français et la vitesse » (1988), pour 54 % des conducteurs « rapides », la vitesse élevée est justifiée par le fait qu'elle permet de gagner du temps [DSCR, 1990].

Pour certains types de déplacements ou pour certaines catégories professionnelles, conduire vite est ressenti comme une nécessité. Les gains de temps qui pourraient en découler semblent cependant souvent dérisoires.

Les véhicules, l'infrastructure, la circulation

Même si la vitesse des véhicules n'est, en général, plus l'argument principal de vente, la vitesse de pointe en augmentation régulière fait partie de leurs performances alléchantes. Or, jouir pleinement des potentialités de son véhicule est une tentation pour chaque conducteur, en particulier pour les jeunes. Une vitesse de pointe élevée est dans cette perspective un facteur incitatif supplémentaire.

De même, certaines infrastructures autorisent, par leurs performances, la pratique de vitesses élevées. Cependant, chaque type de voirie est conçue pour une vitesse de parcours limite. En particulier sur les autoroutes le dépassement de la vitesse de conception de 140 km/h induit des surrisques importants.

Enfin, la vitesse d'un automobiliste est partiellement dépendante de celle des autres automobilistes. La circulation est un phénomène de groupe et, de ce fait, il suffit d'une proportion faible de conducteurs roulant à vitesse trop élevée pour augmenter la vitesse des autres.

Ainsi, les différents éléments du système automobile peuvent par leurs performances contribuer au développement de l'usage de la vitesse sur la route.

Les facteurs psychologiques et sociaux

Les incitations principales à l'usage de la vitesse, sont d'ordre psychologique et social.

La vitesse est un plaisir

Comme on l'a vu au chapitre 3, la prise de risque peut être motivée par des besoins psychologiques. L'usage de la vitesse, induisant des surrisques importants, est une façon pour certains conducteurs de les satisfaire. La vitesse joue un rôle d'activateur neurophysiologique parce qu'elle amène une plus grande quantité d'informations à traiter. Rendant la tâche de conduite plus difficile, elle est souvent utilisée comme un élément ludique et comme moyen d'affirmation de soi.

Ces comportements s'appuient sur des mécanismes psychologiques profonds. On remarque deux stratégies différentes, mais aux effets comparables en matière d'excès de vitesse :

– la stratégie de puissance : « La vitesse c'est l'élan, le dépassement de soi, la force » ;

– la stratégie de fuite : « La vitesse, c'est l'envol, le départ pour « ailleurs », l'évasion, la fuite... ».

Les différents degrés d'engagement dans ces stratégies apparaissent sur la figure 14 [COERRANCES, 1989].

Enfin, la vitesse permet de manière très directe de « flirter » avec la mort, désir, source de satisfaction à l'origine de certains comportements. Par ailleurs, on a vu que la faible probabilité d'occurence de l'accident pour un individu induit des distorsions dans sa perception du risque routier. De même, l'expérience personnelle de la vitesse excessive étant rarement sanctionnée par l'accident, « elle contribue à enfermer le jugement dans un lieu d'où il n'est pas possible de percevoir les relations entre une variable, le niveau de la vitesse et un indicateur statistiquement construit, l'implication dans les accidents » [CHICH, 1986].

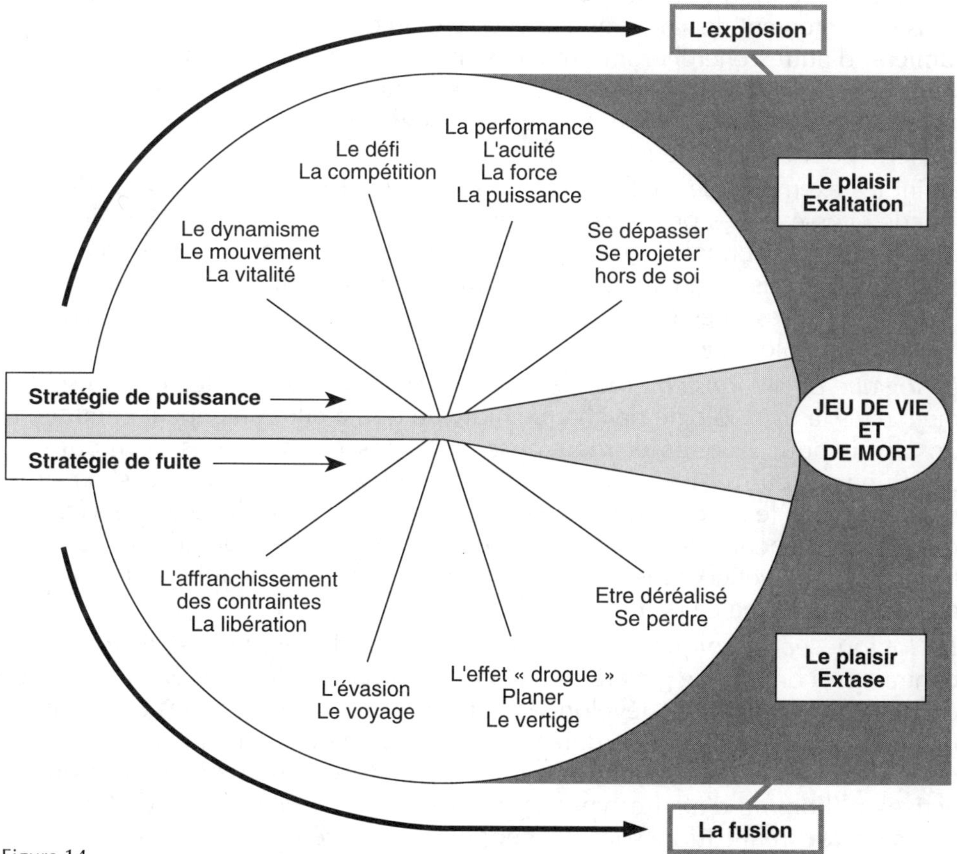

Figure 14

La pratique de la vitesse est un moyen d'élever le niveau de risque de la conduite. Elle offre, à ce titre, un grand nombre de satisfactions psychologiques, dont la plus extrême est certainement le plaisir de jouer avec la mort.

La vitesse est une valeur sociale et culturelle centrale

La notion de vitesse est un point de rencontre des aspirations sociales de plusieurs groupes sociaux. Elle constitue, en effet, à la fois une performance technologique pour les ingénieurs, un goût pour les usagers et une composante de la réussite économique et financière.

La logique technicienne : elle répond par les développements technologiques à la volonté humaine et scientifique de réussir des prouesses, d'explorer des domaines inconnus. La distance et la vitesse sont deux concepts dont les extrêmes ont toujours été au cœur des recherches scientifiques. De plus, si certains se contentent de savoir que la vitesse d'un objet est bornée par celle de la lumière, d'autres chercheront à concevoir et réaliser des objets permettant de vivre concrètement des vitesses de plus en plus élevées. Toute réussite en la matière est alors un nouveau pas de la recherche technologique et une source de fierté pour les ingénieurs.

Enfin, les exemples des records de vitesses battus régulièrement par le Train à grande vitesse, et les prouesses de la navette spatiale illustrent très clairement que la réussite technologique est aussi source de fierté pour l'ensemble de la collectivité et pas uniquement pour les ingénieurs à l'origine des projets. Ainsi, l'exploration des vitesses élevées s'inscrit logiquement dans la démarche du progrès technologique.

La logique de « Monsieur Tout-le-monde » : elle trouve ses racines non seulement dans la psychologie de chaque individu qui, à elle seule, peut conduire à un attrait pour la vitesse, mais aussi dans les phénomènes de modes et d'influences culturelles. L'aspiration collective vers la vitesse s'exprime d'ailleurs dans le succès de certaines productions artistiques. On pense ici aux romans de Françoise Sagan, à *L'Homme pressé* de Paul Morand, et aussi aux films de la Nouvelle Vague. Enfin, le cortège des publicités utilisant le concept de vitesse confirme ce point.

La logique économique : « Le temps, c'est de l'argent » est devenu une contrainte économique généralisée et incontournable. Elle a pu être appliquée, en particulier, grâce aux développements de l'informatique et des télécommunications. La vitesse est ainsi dotée d'une valeur marchande et fait l'objet d'un marché. Cette loi économique n'est pas sans influence sur les personnes actives : l'homme d'affaire type est désormais pressé. Les délais d'études, de décision, de réalisation sont en général très serrés. Même si on constate quelques retournements de situation (cas de certaines transactions boursières où on a recherché à limiter la rapidité de propagation de mauvaises nouvelles, cas de la couverture de la guerre du Golfe par les médias où la vitesse de transmission de l'information a posé à la fois un problème de qualité et de déontologie), la vitesse a été perçue ces dernières années comme une valeur dominante de l'économie.

Historiquement, c'est dans le domaine sportif que la vitesse a acquis sa popularité. Comme l'écrit Barjonet [1989] : « En France, si la première automobile véritablement populaire, la 4 CV Renault, est présentée au Salon de 1946, les 24 heures du Mans ont débuté en 1923... A cette époque, les constructeurs sont des « pionniers », les pilotes des « héros » et les propriétaires des machines appartiennent à l'élite sociale ». « Plus généralement, la conquête de la vitesse », comme le montre Rousseau [1948], « s'est déroulée à un rythme relativement lent jusqu'à environ 1850, période pendant laquelle on ne se déplace qu'à pied, à cheval ou en voiture », puis s'est brusquement accélérée au cours de l'histoire récente. L'importance de la valeur vitesse aujourd'hui est en parfaite cohérence avec l'histoire de celle-ci.

On ne peut manquer de souligner la place croissante de la vitesse au cœur des comportements individuels et sociaux ; plus que jamais, elle reste une « valeur conquérante » [CHICH, 1986].

Quel statut pour la vitesse dans le système routier ?

Comme on l'a vu plus haut, la logique technicienne conduit à des vitesses toujours plus élevées. Elle s'oppose en cela à la philosophie émanant du milieu de la recherche cherchant à intégrer la vitesse, cause de danger, dans le système routier. Les réflexions qui suivent reprennent cette dernière façon de penser.

Vitesse et sécurité : deux valeurs qui s'opposent sur la route

La sécurité des biens et des personnes est une expression directe de l'instinct de conservation. Notre époque voit la recherche de la sécurité s'accroître et s'approfondir au fur et à mesure des acquis mais aussi des menaces. Santé, industrie, gestion sont des domaines où les exigences de sécurité sont reconnues et intégrées de plus en plus à l'organisation de la société. Ainsi, il ne faut pas considérer la sécurité comme une dimension spécifique au milieu routier, mais comme une véritable valeur sociale. Symétriquement, la vitesse apparaît comme une valeur sociale. Or, si les opinions sont partagées, les faits sont sans appel : il y a conflit entre la vitesse et la sécurité. Les débats toujours actuels sur les limitations de vitesse montrent combien le conflit est aigu.

« L'affirmation du constat de l'insécurité produite par la vitesse et son élévation progressive heurte directement ces deux représentations, la vitesse comme valeur d'excellence et la sécurité comme expression de la préservation de la vie » [CHICH, 1986].

La situation dans les transports ferroviaires et aériens

Les valeurs vitesse et sécurité ne s'opposent pas dans les transports ferroviaires et aériens. L'augmentation de la vitesse de transport ne s'accompagne pas de la détérioration de la sécurité des passagers. L'exigence de sécurité est pour ces deux modes de déplacement une priorité, un gage de développement. D'après Fourniau, « l'histoire du chemin de fer montre que la sécurité fut dès l'origine une condition préalable à la vitesse » [FOURNIAU et HEINZ, 1989]. Pour Poisson-Quinton, dans les transports aériens « toute une technologie très sophistiquée a été développée pour assurer cette sécurité, incluant l'optimisation des rapports homme-machine, une quantification de fiabilité de l'ensemble des matériels et des systèmes de commande/surveillance » [POISSON-QUINTON, 1989].

On en déduit donc que :
– l'offre de sécurité est un gage de crédibilité et de réussite technologique ;
– c'est l'étude simultanée des engins (avions, trains), du système de télécommunication, des systèmes de contrôle qui permet, en toute sécurité, de fixer et d'augmenter progressivement les vitesses pratiquées.

Dans tous les cas, les règles de pratique de la vitesse sont imposées aux pilotes ou aux conducteurs et résultent d'une étude globale intégrant l'ensemble des contraintes s'appliquant au mode de transport. On retiendra donc que :

L'amélioration simultanée des performances de vitesse et de sécurité est rendue possible dans les transports aériens et ferroviaires par une approche globale de ces systèmes. La vitesse des engins (trains et avions) est alors déterminée en fonction des contraintes du système. Elle est une règle du jeu imposée permettant ainsi le bon fonctionnement de l'ensemble.

La vitesse et la route

La spécificité de la route

Les réussites technologiques des transports aériens et ferroviaires pourraient faire penser que le conflit entre vitesse et sécurité sur la route peut se résoudre par des progrès technologiques. En fait, il faut bien garder à l'esprit que la route, dans sa nature même, n'est pas un système de transport professionnel et intégré.

D'abord elle est un système ouvert. La très grande majorité des gens sont conducteurs, à la différence de la très petite, très triée et très homogène minorité des pilotes d'avions. Il en découle, on l'a vu, une très grande variété de conducteurs, doublée d'ailleurs de variations intra-individuelles. Ensuite, la régulation du trafic est essentiellement fondée sur l'ajustement mutuel entre des unités autonomes. Il n'existe pas de tour de contrôle ayant tout pouvoir de régulation de la circulation routière. Enfin, la route assure à la population sa liberté de déplacement. Chaque individu peut relier deux endroits de son choix et à l'heure qu'il désire par la route.

L'automobile et la route offrent à la population une autonomie individuelle dans l'espace et dans le temps inégalée par les autres modes de transport.

Quelques fausses pistes

L'incompréhension de la richesse du système routier, de son utilisation réelle et de sa complexité a souvent détourné l'étude du conflit vitesse-sécurité. On a relevé ici trois fausses pistes :

• *« La route doit concurrencer les autres modes de transport européen en particulier, le TGV » :*

Cette opinion néglige quelque peu la réalité de l'usage de l'automobile : en moyenne le trajet en voiture est long d'environ 5 kilomètres et dure 5 minutes. Cette prise de position s'appuie donc sur une fonction minoritaire de la route.

• *L'illusion technicienne ou la croyance dans le fait que la technologie puisse résoudre le conflit vitesse-sécurité :*

L'amélioration de la sécurité des véhicules n'assure pas automatiquement l'amélioration de la sécurité routière. Il en est de même pour les transports aériens par exemple, où la sécurité de l'avion ne suffit pas à assurer la sécurité de l'ensemble des usagers. De plus, on peut penser que « le conflit vitesse-sécurité ne peut être « dépassé » par la technique que dans la mesure même où l'automobile ne sera plus l'automobile mais, par exemple, le « train immatériel » [CHICH, 1989]. En d'autres termes, les avancées technologiques conduisent peut-être d'abord vers l'éclosion d'un nouveau mode de transport plutôt que vers l'amélioration de la sécurité routière.

• *Le télescopage dans l'opinion entre les notions de liberté et de vitesse :*

Rappelons comme le fait M. Albarède, procureur de la République de Rennes, dans *Permis de détruire in* [COLOMB, 1990] « qu'on assimile la liberté avec la liberté d'aller et venir, et celle-ci avec la liberté d'aller et venir vite. La vitesse n'est pas une liberté, simplement une possibilité ». Si l'automobile a considérablement étendu la liberté d'aller et venir et la garantira à l'avenir, d'un autre côté l'accroissement des vitesses rend son utilisation plus périlleuse.

Le statut de la vitesse

L'éclairage de l'approche systémique utilisée dans les transports ferroviaires et aériens, la violence du conflit vitesse et sécurité sur la route et, enfin, la spécificité de la circulation routière permettent d'énoncer que :

« La maîtrise de la vitesse, dont la limitation de vitesse est un moyen, doit être considérée comme une condition d'amélioration de la sécurité routière » [CHICH, 1987].

Conclusion

L'analyse de la composante vitesse de l'insécurité routière nous amène à conclure que :

– la vitesse est incontestablement un facteur essentiel de l'insécurité routière ;

– la vitesse et la sécurité sont deux valeurs sociales qui s'opposent sur la route. La gestion de ce conflit passe vraisemblablement par la maîtrise technique, sociale, économique de la vitesse.

Ainsi, l'usage de la vitesse est un phénomène social à part entière qui illustre bien la complexité de l'insécurité routière.

Troisième partie

La lutte pour une meilleure sécurité routière

1 Un historique de l'action en matière de sécurité routière

La préhistoire

De la première voiture (*L'Obéissante* d'Amédée Bollée en 1875), jusqu'à la deuxième guerre mondiale, le phénomène automobile s'est étendu sur toute la France avec déjà quelques accidents meurtriers (la course Paris-Madrid fut arrêtée définitivement en 1903 pour ses accidents mortels). En 1900 le parc automobile comptait 3 000 véhicules ; en 1914, 100 000 ; en 1928, 1 000 000 ; en 1939, 2 400 000 [PAOUR, 1968]. Après la deuxième guerre mondiale, le parc automobile, ainsi que les déplacements routiers, s'accroissent de manière considérable. En 1947, on relevait en France 1 750 000 véhicules ; en 1953, 3 000 000 ; en 1961, 7 000 000 ; en 1966, 11 600 000 ; de nos jours, 26 000 000.

Cette croissance à long terme du parc des véhicules et des déplacements a entraîné la multiplication du nombre des victimes de la route jusqu'en 1972 et assez rapidement, des associations de prévention des accidents ont été créées : en 1949 en France (la Prévention routière), en 1916 en Grande-Bretagne, 1932 aux Pays-Bas ; 1936 en Suisse et en 1950 en RFA.

Jusqu'au début des années soixante, la sécurité routière concernait les routes à travers leur amélioration et leur construction, le véhicule par la conformité aux normes de fabrication et, enfin, le conducteur par la législation et la répression (assurance de la responsabilité civile rendue obligatoire en 1958).

Le début de la décennie 1960-1970 vit la naissance du contrôle technique obligatoire pour tous les véhicules (Norvège, Luxembourg, RFA, Belgique), ainsi que l'introduction de la recherche scientifique dans le domaine de la sécurité (création de l'ONSER, en 1961, pour la France).

La période préhistorique de la sécurité routière, jusqu'à la fin des années soixante, a vu le développement d'actions palliatives et correctrices à mesure que l'usage de l'automobile grandissait et se

diversifiait. Outre ces actions éparses des pouvoirs publics, des associations, telle la Prévention routière luttaient contre l'insécurité routière.

C'est dans les années soixante qu'apparaît en France la recherche scientifique en sécurité routière.

La prise en charge du phénomène par l'État

Jusqu'au début des années soixante-dix, l'État n'apparaissait pas comme intervenant de manière cohérente dans la lutte contre l'insécurité routière. Plusieurs ministères agissaient en la matière, mais à travers leurs axes prioritaires, ce qui rendait tout programme commun difficile.

En 1972, le seuil de 17 000 tués fut atteint. C'est alors que l'État a pris en main la lutte contre l'insécurité routière en créant le Comité interministériel à la sécurité routière (CISR) présidé par le Premier ministre, et la Délégation à la sécurité routière (DSR), dans le but d'élaborer une politique efficace . Les premières grandes mesures de l'année 1973 concernant le port de la ceinture et les limitations de vitesse, ainsi que les campagnes de communication firent chuter spectaculairement le nombre de tués. Chargé de la mise en œuvre de ces décisions, le CISR devient, en 1982, la Direction de la sécurité et de la circulation routières (DSCR), intégrée au ministère de l'Equipement. Simultanément, la DSR est affirmée dans son rôle interministériel en devenant la Délégation interministérielle à la sécurité routière (DISR).

Alors que l'État assure la politique de lutte contre l'insécurité routière, la participation des associations n'est pas toujours effective et assez souvent revendicatrice (droits du piéton face au thème du laisser-faire et de l'anarchie due à la présence automobile en ville). Par contre, la nouvelle vague associative a évolué vers des interventions fondées sur la participation et le dialogue à différents niveaux : local, national, voire européen. Leurs actions sont sous-tendues par des concepts de civisme dépassant largement la défense d'intérêts sectoriels [BARJONET et *al.,* 1988].

La période 1970-1980 fut celle des grandes mesures (ceinture, alcool, vitesse). L'État a assuré la lutte contre l'insécurité routière en élaborant une politique globale efficace définie par le Comité interministériel à la sécurité routière. 1972 fut l'année du record de tués sur la route : 17 000. Avec les mesures de sécurité, la mortalité routière diminue brusquement.

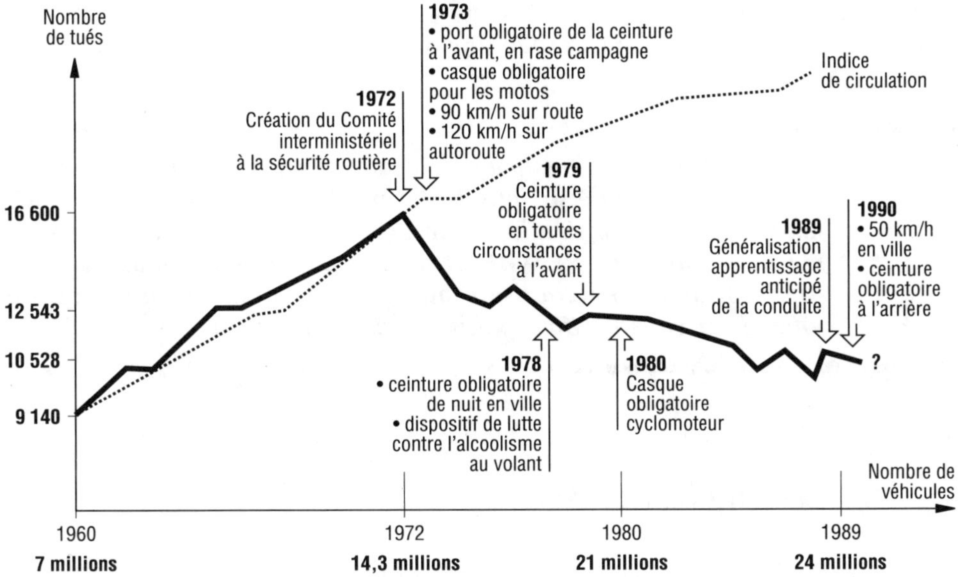

Figure 1 :
La politique des pouvoirs publics et l'évolution des accidents de la route.
(Source : La Sécurité routière. Agir ensemble, décembre 1990).

La prise en compte du phénomène par la société

Alors que la décennie 1970-1980 vit des résultats spectaculaires, le nombre de tués resta à un niveau à peu près constant dans les premières années quatre-vingt. La tragédie de Beaune, accident d'un autocar provoquant la mort de plus de 50 personnes (principalement des enfants), entraîna un véritable choc dans l'opinion publique. Ce drame présenta l'insécurité routière comme un phénomène concernant l'ensemble de la société. Cette prise en compte sociale de la sécurité routière fut amplifiée et promue par la DSCR au niveau local par des opérations d'information, de sensibilisation, d'aides aux collectivités locales et de prévention.

RÉAGIR a été le cadre de cette action (Réagir par des Enquêtes sur les Accidents Graves et des Initiatives pour y Remédier). Ces enquêtes, effectuées par des spécialistes locaux, ont porté sur plus de 5 000 accidents mortels survenus en France en 1984 et 1985 et ayant provoqué 6 000 tués environ. Outre qu'il implique de nombreux bénévoles de tous les horizons : techniciens de la route, forces de l'ordre, médecins, membres d'associations..., le programme RÉAGIR a permis d'améliorer les connaissances en matière d'accidents [DSCR, 1986].

Parallèlement, de nouvelles mesures ont été prises telles que le doublement des peines encourues pour délits d'alcoolémie au volant en 1987, la limitation par construction de la vitesse des poids lourds et autocars en 1983.

La lutte contre l'insécurité routière s'est donc portée sur l'étude de l'influence du comportement du conducteur, véritable paradigme de l'action de sécurité routière.

En 1982, la tragédie de Beaune plaça l'insécurité routière au niveau d'un phénomène de société. L'État par l'intermédiaire de la DSCR lança différentes opérations d'informations, de formation, de prévention (enquêtes RÉAGIR...) et prit des mesures plus draconiennes contre l'alcoolisme au volant et pour la limitation de vitesse par construction (poids lourds et autocars).

Les enjeux actuels

Alors que les grandes mesures destinées à enrayer l'insécurité routière s'essoufflaient, la situation dans les autres pays européens montrait qu'il était possible de faire beaucoup mieux. Une nouvelle réflexion s'engagea en 1988. Elle déboucha sur le *Livre blanc* de la Sécurité routière [DSCR, 1989] qui proposait une « authentique maîtrise du comportement en vue d'une conduite apaisée, civilisée », à travers des propositions touchant tous les domaines et largement reprises par le gouvernement, ou à l'étude.

Les nouvelles propositions répondaient à un triple objectif :
– rendre la dissuasion plus efficace par une amélioration du système des sanctions et de contrôle ;
– agir sur le comportement des usagers de la route actuels et futurs par une réforme du permis de conduire (permis à points) et par un nouveau mode d'apprentissage et d'acquisition d'expérience en matière de conduite ;
– concevoir la sécurité routière comme un concept permanent et essentiel pour tous les usagers et acteurs de la route, par la prise en compte systématique et à tous les niveaux de l'amélioration de la sécurité.

2 L'action réglementaire

Introduction

Les actions relevant du domaine réglementaire concernent chacun des éléments de la circulation routière : le conducteur, le véhicule et l'infrastructure. On distingue notamment l'action sur l'ensemble des usagers, c'est-à-dire la prévention, et l'action sur les conducteurs en infraction c'est-à-dire la répression ; ces deux démarches étant souvent complémentaires.

L'action sur les comportements vise à instaurer des règles et à les faire observer. Elle relève principalement de l'État pour qui lois et règlements sont des outils traditionnels de l'action. On peut noter de plus, que « le principe de l'action étatique, même s'il ne s'agit ici que du domaine réglementaire, est bien accueilli par l'opinion » [BARJONET, 1988].

Les textes techniques, lorsqu'ils concernent l'infrastructure et les véhicules, résultent à la fois du niveau des connaissances techniques et technologiques du moment et d'une négociation entre les institutions concernées, politiques et économiques, déterminant le choix des connaissances applicables.

Les normes techniques concernant véhicules et infrastructures

L'action réglementaire sur les véhicules

Faire coïncider des avancées technologiques et des objectifs de sécurité routière

Les réglementations concernant les véhicules sont en partie le reflet des avancées technologiques. Sujets de recherche, d'études, de réalisation, puis produits industriels et, enfin, obligations de type réglementaire, les améliorations des véhicules obéissent à la logique des progrès technologiques.

Cependant, le progrès technologique est aussi synonyme pour les constructeurs de dynamisme et de développement économique. Or, les objectifs de sécurité conduisent parfois à des recommandations sur les véhicules (limitation de la vitesse par construction, boîte noire, etc.) que les constructeurs ne sont pas prêts à admettre. On entre alors dans une négociation difficile.

D'un autre côté, si on s'accorde à dire qu'il existe une hiérarchie des mesures de sécurité privilégiant dans l'ordre :

– l'élimination du danger,
– l'isolement du danger,
– la prévention des dangers,
– la promotion d'une conduite sûre,

la réglementation des véhicules relève de l'élimination du danger, tout au moins du danger ayant pour origine le véhicule et, à ce titre, est un domaine toujours important de l'action de sécurité routière.

L'action réglementaire sur les véhicules consiste donc à faire intégrer dans le progrès technologique d'une part, et dans les politiques de développement des constructeurs d'autre part, des objectifs de sécurité routière.

Une action florissante et internationale

Les règlements concernant les véhicules et la sécurité routière sont très nombreux. Plus d'une trentaine de textes sont adoptés chaque année en France.

Une autre caractéristique de la réglementation des véhicules est qu'elle est internationale. L'impact de la réglementation sur le développement des industries nationales de l'automobile est débattu par la communauté internationale à Genève (ONU) et à Bruxelles (CEE).

L'entretien des véhicules : le contrôle technique

Le contrôle technique des véhicules est déjà obligatoire lors des transactions concernant des véhicules de plus de cinq ans. La nouvelle démarche consiste à obliger chaque véhicule à des contrôles techniques réguliers, suivis de réparations. Cette mesure est en fait déjà en vigueur dans plusieurs des pays européens et elle fait l'objet d'une directive européenne (26 juillet 1988, modification de la directive du 29 décembre 1976). En France, le contrôle technique doit être mis en œuvre en 1992. L'harmonisation avec les autres pays européens devrait s'effectuer en quelques années.

L'évaluation *a priori* des effets du contrôle technique est difficile, mais on peut s'attendre à une diminution de l'ordre de 5 % des accidents. Son impact sur la sécurité routière est donc relativement faible. Cette mesure a d'ailleurs été adoptée en référence à des problèmes de pollution et pour la France, il s'agit aussi d'éviter d'être la « terre d'accueil des véhicules les plus vieux » en 1993, lors de l'entrée en vigueur du marché européen.

L'action sur les infrastructures

Une période de transition

Sur le plan strictement réglementaire, la réalisation et l'entretien des infrastructures sont guidés par des normes dont les fondements sont maintenant plutôt anciens. Les autoroutes de liaison font l'objet d'une Instruction sur les conditions techniques d'aménagement, revue en 1985, mais datant du 22 mars 1971 ; celle des routes nationales date du 28 octobre 1970 et enfin celle des voies rapides et autoroutes urbaines du 1er décembre 1968. La logique qui a présidé à l'élaboration de ces textes était celle de l'ingénieur routier, dont les objectifs pouvaient se résumer à :
– réaliser un produit technique et économique de qualité durable, la route permettant d'écouler le trafic pour lequel elle est conçue ;
– offrir des niveaux de confort et de sécurité aussi élevés possible à l'usager.

Deux domaines ont été mis de côté par cette approche :
– la sécurité de l'ensemble des usagers du milieu routier, autre que le conducteur ;
– les oppositions entre confort de la conduite et sécurité routière.

On notera enfin que la réglementation s'adresse essentiellement aux routes gérées au niveau national, négligeant ainsi la spécificité du réseau local.

Depuis vingt ans, de nombreux travaux, études, expériences concrètes concernant les relations entre la sécurité routière et les infrastructures ont été menés. On a cherché notamment à :
– établir des méthodes d'analyse comme la méthode diagnostique ;
– développer les connaissances sur les rapports entre sécurité routière et infrastructures relatives, non seulement aux routes principales, mais aussi aux routes secondaires et au milieu urbain. On a ainsi mis en évidence l'importance des interactions entre conducteur et aménagement de l'infrastructure dans la genèse des accidents ;
– réfléchir sur la façon d'intégrer la pratique de la sécurité routière dans l'ensemble des services routiers du ministère de l'Équipement.

Ces acquis ne se sont pas encore traduits par un changement de logique réglementaire, bien que certains textes en préparation permettent de situer les futures modifications.

Les domaines privilégiés d'une future réglementation

Le succès d'expériences pluridisciplinaires comme « Ville plus sûre, quartiers sans accidents », la diversité des responsabilités de gestion des réseaux, l'omniprésence des problèmes de sécurité routière obligeront vraisemblablement la future réglementation à s'adapter à diverses situations, à être plus incitative que normative. Déjà de nombreuses publications, comme par exemple *La sécurité des routes secondaires : analyse et propositions* [SETRA, 1987], les recommandations techniques sur la limitation généralisée à 50 km/h *Modération de la vitesse en agglomération* [CETUR, 1991] préfigurent cette approche incitative qui, sous forme réglementaire, pourrait s'exprimer en termes de performances (nombre d'accidents sur le site aménagé, nombre de points de conflits, etc.) plutôt qu'en termes de recettes désormais trop simplistes.

Les principaux domaines qui devraient s'intégrer dans une future réglementation sont pour la conception de la route :
– la classification des voies en fonction de leur usage (rue résidentielle, commerçante, artère de transit, voies rapides, etc.) ;
– la lisibilité de la route ;
– la sécurité secondaire des infrastructures (accotements, revêtement, etc.) ;
et pour l'entretien des infrastructures :
– la programmation des chantiers d'entretien, leur conception et leur signalisation ;
– le contrôle systématique périodique du niveau de sécurité offert par les différents réseaux.

Ces propositions sont d'ailleurs au cœur d'un récent rapport (février 1991) à la Commission des communautés européennes [CCE, 1991].

L'action réglementaire sur les comportements

Entre politique de dissuasion et politique de répression

L'action réglementaire de prévention se fonde sur le principe bien connu de la dissuasion : l'efficacité de l'action condamnant un comportement repose sur la sévérité de la sanction prévue en cas d'infraction. Ce principe se prête bien à la lutte contre l'insécurité routière lorsque cette dernière est vue, de manière partielle, comme le résultat de l'adoption délibérée de comportements à risque.

Prévention et répression sont donc étroitement liées. L'examen de quelques mesures réglementaires (limitations de vitesse, lutte contre l'alcool au volant, port de la ceinture de sécurité, permis à points) permet de mieux mettre en évidence les avantages et les limites de l'application de ce principe, ainsi que les arguments qui poussent vers l'instauration d'un système plus sévère où c'est la punition systématique qui modèle le comportement.

Les limitations de vitesse : encore mal acceptées

Des effets incontestés

Les nombreuses expériences internationales de limitations de vitesse ont permis de mesurer les effets d'une telle mesure. Elle est en effet toujours suivie :
- d'une baisse de la vitesse moyenne ;
- d'une homogénéisation des vitesses pratiquées. Plus précisément, on observe un écrêtement des vitesses excessives.

La récente loi (2 avril 1987) adoptée aux États-Unis, autorisant l'augmentation de la vitesse limite de 55 mph en vigueur sur le réseau inter-États de rase campagne et traversant des zones faiblement urbanisées jusqu'à 65 mph, illustre une nouvelle fois par ses effets les résultats ci-dessus. « Les vitesses moyennes ont augmenté de 3 km/h et le nombre de dépassements de vitesse importants (plus de 70 mph) est passé de 4,6 à 6,6 % » [DSCR, 1989].

Une mesure fragile

L'analyse des vitesses pratiquées a montré que les taux de dépassement des limitations sont élevés. La limitation de vitesse est donc une mesure fragile, ce que l'on peut expliquer par les raisons suivantes :
- le respect d'une limitation oblige le conducteur à faire un travail supplémentaire au cours de la conduite, le contrôle du tachymètre. Ce contrôle doit être réalisé régulièrement, la vitesse variant d'un instant à l'autre. Il est de plus nécessaire, car la perception de la vitesse est souvent incorrecte (surestimation aux vitesses faibles, sous-estimation aux vitesses élevées) ;
- le respect de la vitesse ne fait pas l'unanimité dans la société ;
- la technologie automobile et ses progrès sont plutôt au service de la vitesse qu'au respect de ses limitations ;
- le système de contrôle du respect des limitations n'est pas satisfaisant.

Le 50 km/h en ville

La nouvelle réglementation (décret du 30 novembre 1990) en vigueur depuis le 1er décembre 1990 ramène la limitation généralisée de vitesse en ville de 60 km/h (Code de la route, 1962) à 50 km/h. Elle permet notamment à la France de rejoindre la plupart de ses partenaires européens dont l'Allemagne, les Pays-Bas et la Suisse [CETUR, 1991]. Cette modification renforce la réglementation existante. Elle ne doit donc pas être comparée en termes d'impact aux premières limitations de vitesse du début des années soixante-dix. Elle obéit cependant à la même logique et des effets importants en sont attendus dans les domaines de la sécurité routière (nombre et gravité des accidents) de la qualité de la vie (pollution, bruit) et du partage de la voirie [JAYET, 1989].

Des possibilités de modulation (« zones 30 » et voies à 70 km/h) sont de plus offertes aux collectivités territoriales de manière à permettre une meilleure adéquation entre la réglementation et l'environnement local.

La limitation de vitesse est une mesure dont les effets sont incontestés par les spécialistes, mais dont le principe reste mal accepté par une minorité agissante de l'opinion. De surcroît, plus on s'approche de l'équilibre nécessaire entre circulation et sécurité, moins les effets à attendre seront spectaculaires. La récente mesure du 50 km/h en ville s'inscrit dans la recherche de cet équilibre.

L'alcool au volant : les effets nuancés de l'action réglementaire

La dissuasion : principe international de lutte contre l'alcool au volant

La lutte contre l'alcool au volant s'organise dans les pays concernés autour de mesures réglementaires presque exclusivement fondées sur la dissuasion. Ainsi, on retrouve dans la plupart des pays [JAYET, 1989] :
– la définition d'un « taux légal » d'alcool (loi de 1970 en France) ;
– un dispositif technique de détection bio-chimique de l'alcoolémie des conducteurs ;
– un dispositif de contrôle dit « aléatoire », c'est-à-dire en dehors de toute présomption d'infraction ou d'accident (en France, lois de 1978 et de 1990 autorisant les forces de l'ordre à effectuer des contrôles sans autorisation préalable du procureur de la République).

Ce dispositif est la plus patente illustration de l'utilisation de la dissuasion dans l'élaboration d'une action pratique.

Une efficacité controversée

Bien que les politiques nationales en matière de lutte contre l'alcool au volant se ressemblent, le débat concernant l'efficacité du dispositif est ouvert.

Sur le plan théorique, la principale critique consiste à souligner le phénomène social que représente la consommation d'alcool, sa complexité, son ancrage culturel (géographique et démographique) et dont les lois préventives fondées sur la dissuasion ne tiennent pas compte. Comme le rappelle Jayet [1989] : « l'effectivité du droit et la régulation des conduites sociales dans nos sociétés sont des problèmes beaucoup plus complexes que ne le prévoient la théorie singulière de la dissuasion et la conception ingéniériste du contrôle social qui l'anime ».

Un deuxième type de critiques exprime les nombreux décalages entre la pratique de la prévention et de la répression de l'alcool au volant et la théorie qui les soutient. L'étude des statistiques pénales de 1967 à 1984 et les enquêtes de l'ONSER de 1970 et de 1978 révèlent [JAYET, 1989] que :
– l'application d'une loi n'est pas immédiate, et son effet n'est pas constant dans le temps ;
– une fréquence de condamnation élevée n'a pas toujours l'effet désiré sur le risque et les conducteurs ;
– l'évolution de la sévérité des peines obéit plus aux logiques d'action du contrôle judiciaire (lorsque l'on punit sévèrement, le taux de condamnation tend à baisser, et inversement) qu'aux exigences de la lutte dissuasive.

Deux attitudes découlent de ces positions :
– la première tendance consiste à tenter de renforcer les mécanismes du contrôle de manière à s'approcher du modèle dissuasif. C'est le choix fait par l'État, comme en témoigne le texte de 1990, permettant aux forces de police et à la gendarmerie d'effectuer des contrôles préventifs sans autorisation préalable du procureur de la République ;
– la deuxième consiste à interpréter les effets controversés de l'action dissuasive comme les limites de cette action de prévention et donc à élargir la prévention en utilisant les supports traditionnels que sont la famille, l'école, les milieux professionnels, les médias, etc.

En France : les effets de la loi de 1978

Comme on l'a vu dans la deuxième partie, la lutte contre l'alcool au volant doit faire face en France :
– à la forte consommation d'alcool des Français ;
– à une très grande stabilité du nombre des conducteurs ayant un taux d'alcool supérieur à 0,8 g/l (3 % environ depuis une vingtaine d'années), alors qu'est observée une lente diminution de la consommation ;
– les conducteurs en infraction ne constituent pas un noyau dur d'alcooliques, mais se retrouvent dans une part bien plus large de la société.

La loi de 1978 a eu sur cette situation des effets nuancés. Elle a eu tout d'abord un effet global immédiat (pendant six mois) comme en témoignent les baisses de fréquence et de gravité des accidents. Outre cet effet spectaculaire mais éphémère, deux leçons ont pu être tirées :
– l'effet immédiat a montré que même des forts buveurs peuvent être influencés par la crainte de contrôles fréquents. Ce constat est interprété comme un résultat encourageant de la politique de dissuasion, confirmée par la loi autorisant les contrôles « aléatoires ». Le *Livre blanc* de la Sécurité routière en fait écho en affirmant que « le renforcement des contrôles doit permettre de lutter efficacement contre l'alcoolémie au volant » [DSCR, 1989] ;

– cependant, l'effet de la loi est apparu comme très différencié en amplitude et en durée*. Il est en particulier difficile de toucher les comportements de l'ensemble des conducteurs. Par exemple, la fréquence d'alcoolisation illégale a augmenté parmi les conducteurs âgés de 45 à 64 ans.

Le choix de la dissuasion pour mener la lutte contre l'alcool au volant fait l'unanimité au sein des gouvernements des pays industrialisés. Pourtant la situation française laisse les spécialistes perplexes. Les leçons de l'histoire semblent proposer le choix suivant : ou bien le contrôle et la répression deviennent plus systématiques pour être vraiment dissuasifs, et c'est l'espoir fondant la politique nationale, ou bien la lutte contre l'alcool au volant doit être plus « sociale », deux options qui ne s'excluent pas.

La ceinture de sécurité

La réglementation

La première réglementation concernant l'utilisation de la ceinture de sécurité remonte au 1er juillet 1973 où elle est devenue obligatoire aux places avant des voitures de tourisme en dehors des agglomérations. Le 1er octobre 1979, son utilisation devient obligatoire en toutes circonstances, de jour comme de nuit. Enfin, le port de la ceinture aux places arrière et l'utilisation pour les enfants de dispositifs de sécurité agréés sont rendus obligatoires le 1er décembre 1990.

Les mérites de l'action réglementaire

Les nombreuses études concernant les systèmes de retenue des passagers ont permis de démontrer l'efficacité de la ceinture de sécurité. Les objections, qui ont le plus souvent trait au risque d'être bloqué, aux efforts exercés par la ceinture sur le thorax et le bassin, au surrisque pour la femme enceinte, ne sont pas vérifiées sur le plan scientifique. Les pouvoirs publics se sont appuyés sur ces résultats pour imposer petit à petit son utilisation.

* Une expérience australienne [CETUR, 1991], a montré l'efficacité des contrôles préventifs d'alcoolémie : si un conducteur sur trois est contrôlé, le nombre de conducteurs alcoolisés chute de 75 %. Réciproquement, la faiblesse des contrôles entraîne une diminution de l'efficacité de la loi.

Quantitativement, on a constaté que, « dans aucun État économiquement développé, le taux de port de la ceinture n'a dépassé 10 % en l'absence de réglementation imposant ce port, malgré des efforts souvent importants de communication et d'information » [DSCR, 1989].

Inversement, le taux de port — obligatoire à l'avant — de la ceinture est souvent au-dessus de 50 %. En France, il est d'environ 90 % sur les autoroutes de liaison, 85 % sur les autoroutes de dégagement et routes et 50 % en agglomération.

On peut faire mieux

D'un point de vue technique, la ceinture de sécurité ne cesse d'être améliorée [BIARD et DEJEAMMES, 1985]. Si la préoccupation majeure est encore l'efficacité du système de retenue, sont étudiées aussi les solutions susceptibles d'améliorer le confort de port et la facilité d'utilisation.

L'objectif en matière de ceinture est toujours l'augmentation du taux de port. En effet, on sait que si on parvenait à convaincre un usager non ceinturé sur deux de s'attacher, le gain se situerait entre 800 et 1 000 tués par an. L'ampleur de ce gain est suffisante pour que la ceinture de sécurité reste un point fort de la lutte contre l'insécurité routière. De plus, on a constaté que tout point gagné en matière de taux de port semble gagné durablement. Ceci peut s'expliquer par le fait que boucler sa ceinture se fait une fois par trajet, la décision initiale n'étant pas remise en cause au cours du déplacement, et devient très vite une habitude.

Enfin, le contrôle du port de la ceinture est relativement facile du moins aux places avant (en particulier, en milieu urbain), ce qui permet, en outre, une bonne évaluation de l'efficacité des mesures prises et des campagnes de type publicitaire.

Le port de la ceinture de sécurité est obligatoire depuis 1973.

L'impact de la ceinture sur la mortalité routière n'est plus à démontrer et l'accroissement du taux du port conduirait à des gains significatifs en vies humaines. L'application des mesures prises doit donc rester une priorité de l'action réglementaire.

Le permis à points : une innovation alliant dissuasion et pédagogie

Donner une nouvelle efficacité à la lutte pour la sécurité routière

Le permis à points à été instauré par la loi du 10 juillet 1989 et est entré en application le 1er juillet 1992.

Les principes posés par la loi sont les suivants :
– les permis sont affectés d'un quota de six points ;
– la perte de point est automatique, le nombre de points perdus étant fonction de la gravité de l'infraction ;
– la perte totale des points entraîne l'annulation du permis de conduire. Le permis ne pouvant être repassé avant au moins six mois ;
– la reconstitution du quota de points est totale si le conducteur ne perd pas de point pendant trois ans ; elle est partielle s'il se soumet volontairement à une formation spécifique. Ce programme de recyclage est mis au point actuellement par la DSCR. Cette formation n'est pas d'abord destinée à apprendre le maniement du véhicule ou les règles essentielles de la conduite. Son objectif principal est de faire évoluer les comportements habituels liés à la conduite et d'éviter la réitération du comportement infractionniste. On insistera notamment sur la dimension collective de la sécurité routière et sur la notion de risque.

Enfin, on peut estimer à 1 700 000 en régime permanent le nombre annuel de retraits de points sur l'ensemble du territoire.

Deux difficultés

Le système du permis à points sera géré par le ministère de l'Intérieur au moyen du fichier national du permis de conduire, qui doit être, à cette occasion, totalement informatisé. Il semble que cette informatisation se révèle être une lourde charge. La deuxième difficulté concerne le dispositif du contrôle et des sanctions. Plus encore que pour les réglementations existantes, la crédibilité et le bon fonctionnement du système nécessitent un formidable effort d'intensification des contrôles et d'accélération des sanctions pénales. Le changement d'habitudes n'est pas, au vu de la situation actuelle, encore acquis.

L'instauration du permis à points est une mesure à la fois novatrice et ambitieuse : d'une part, elle associe dissuasion et pédagogie, de manière à responsabiliser les conducteurs ; d'autre part, elle implique une refonte globale de l'ensemble des processus de contrôle des sanctions.

Les limites de l'action réglementaire

On s'intéressera principalement dans ce qui suit aux limites de l'action réglementaire sur les comportements. Certains freins mentionnés ci-dessous s'appliquent cependant dans les domaines techniques des véhicules et des infrastructures.

L'acceptation sociale de la réglementation

Le respect de la loi

Les statistiques de dépassement des limitations de vitesse montrent de manière flagrante qu'on ne peut espérer qu'une mesure réglementaire soit pleinement respectée. Les fréquences insuffisantes des contrôles et leur caractère aléatoire font dire à certains que le système de limitation de vitesse est un échec [BOWER, 1990].

En fait, l'action réglementaire introduit une contrainte sur les usagers qui tend à les installer comme chose gérée. La question posée est alors celle du pouvoir de l'usager devant les institutions. On a pu montrer [BARJONET, 1988], par exemple, que l'attitude vis-à-vis de la limitation de vitesse est déterminée majoritairement par la position à l'égard de l'État. Viennent ensuite les thèmes animant le débat propre à la vitesse : efficacité d'une limitation, finalité et contrôle et, enfin, image de la vitesse.

Ainsi, l'efficacité de la réglementation en sécurité routière est limitée par les lois générales de l'acceptation sociale de cette méthode d'action.

Les insuffisances de l'action réglementaire

Une réglementation ne tient pas compte de la diversité sociale

Comme on l'a vu pour la lutte contre l'alcool au volant, la démarche réglementaire est globale et ne tient pas compte de l'environnement social où elle intervient. La modification des comportements ne s'obtient pas seulement à partir de discours et de volonté politique. Pierre Graff, délégué interministériel de la Sécurité routière jusqu'en 1990, cité dans [COLOMB, 1990], parle du « grand désarroi des politiques devant la résistance du corps social ». Plus précisément, on a pu constater [BIECHELER-FRETEL et LASSARRE, 1984] que les sanctions sont efficaces pour des individus déjà convaincus de l'utilité des mesures ; le changement réel d'habitude dépend plutôt d'actions incitatives, où la modification du comportement est associée à un gain pour l'individu.

Une réglementation seule ne garantit pas d'effets durables
On a vu aussi grâce à l'analyse détaillée [BIECHELER-FRETEL et LASSARRE, 1984] de la loi de Juillet 1978 autorisant les contrôles préventifs de l'alcoolémie qu'une loi a des effets variables dans le temps, et que ses effets peuvent décroître à long terme en l'absence de contrôles. C'est aussi la question posée à propos des limitations de vitesse [CHICH, 1987]. Il s'avère, en effet, essentiel d'instaurer une gestion des effets d'une réglementation de manière à induire son acceptation dans l'opinion et son respect à plus long terme. Il s'agit là de la valorisation d'un investissement politique. A titre d'exemple, les aménagements des infrastructures, actions à long terme, peuvent remplir cette fonction d'intégration, comme le réalisent les ronds-points vis-à-vis de la vitesse.

Les difficultés de nature politique

Une prise de décision souvent difficile

La prise de décision concernant l'adoption ou non d'une mesure réglementaire de sécurité routière doit résister à trois freins différents.

L'arbitrage politico-économique : les mesures engagées par des pouvoirs publics résultent de choix, de priorités qui s'inscrivent dans l'axe général de la politique suivie. Pourquoi privilégier une cause plutôt qu'une autre ? De plus, une mesure de sécurité routière n'est pas, en général, neutre du point de vue économique (à la fois sur le plan de sa préparation et de sa mise en œuvre, ainsi que de ses effets indirects sur des secteurs économiques). C'est le cas en particulier des mesures pouvant entraîner un conflit avec les constructeurs automobiles.

L'univers international : de manière semblable, les politiques gouvernementales sont liées aux options générales définies par la communauté internationale, spécialement en matière de normes techniques concernant la conception des véhicules.

Enfin, le niveau de popularité : l'engagement politique est toujours sanctionné par l'approbation ou le refus de la part de l'opinion. Nul doute qu'en matière de sécurité routière, cette forme de résistance sociale a infléchi la bonne volonté de certains hommes politiques.

Les obstacles à la pratique politique

Pour agir sur le terrain, l'application d'une mesure réglementaire nécessite, en général, l'existence d'une volonté politique à tous les niveaux d'exécution. Or, en matière de sécurité routière, les responsabilités sont nombreuses et partagées, et les logiques des différents intervenants ne coïncident pas toujours. Il y a donc, souvent, une déperdition de la volonté politique dans la mise en application d'une loi, se traduisant, par exemple, par le laxisme avoué des forces de police.

Ensuite, on observe une certaine complexité de l'organisation nationale de la sécurité routière. Quatre hauts fonctionnaires participent à la décision : le Premier ministre à qui rapporte le délégué interministériel à la Sécurité routière, (DISR), deuxième personne concernée, puis le ministre de l'Équipement en tant que responsable de la direction de la Sécurité et de la circulation routière (DSCR) et, enfin, le secrétaire d'État chargé des transports routiers.

De plus, la confusion des responsabilités de DISR (rattaché au Premier ministre) et de DSCR (rattaché au ministre de l'Équipement) ajoute un degré de complexité au travail interministériel. Par dessus tout, la multiplicité des ministères intervenants (Défense, Intérieur, Santé, Justice) crée un vrai problème de coordination.

Les difficultés liées aux contrôles et aux sanctions

Les défauts actuels du système des contrôles et des sanctions

Un phénomène de masse et une justice saturée : d'après Pierre Graff [COLOMB, 1990], on estime le nombre d'infractions graves commises chaque jour à 5/7 millions. On sait de plus que, pour ce type d'infractions et dans le même temps, on ne délivre que 5 000 procès verbaux, dont une partie restera sans suite. Ce rapport de 1 pour 1 000 entre les infractions graves commises et les procès verbaux distribués est édifiant.

Simultanément, de nombreux accidents graves ne vont pas jusqu'au procès. Les dossiers sont « classés sans suite » comme la loi permet aux juges de le faire quand l'auteur de l'accident n'est pas identifié, quand la faute n'est pas suffisamment caractérisée. Certains dossiers sont aussi classés sans suite de manière abusive. En observant les chiffres de 1984, on peut estimer [COLOMB, 1990] qu'un peu plus du quart des homicides involontaires et à peine plus de 15 % des blessures involontaires ont fait l'objet de poursuites.

Ces statistiques témoignent bien sûr de la saturation du système de contrôle et de sanction, mais aussi des limites de la justice. Le « classement sans suite » est un bon exemple d'une démarche souvent perçue comme mystérieuse. La logique juridique s'exprimant par la complexité des procédures, les possibilités de recours, la diversité des sanctions est, en général, peu comprise du public et parfois difficilement admise par les proches des victimes de la route.

De plus, le grand nombre d'accidents graves non traités peut s'interpréter comme l'incapacité de la justice à leur apporter une réponse, un prolongement. Ils sont inclassables ; la justice, à partir du procès verbal doit, pour fonctionner, trouver un responsable et une faute. Elle repose sur le facteur humain de chaque accident. Or, bon nombre de drames ayant lieu sur la route ne sont pas imputables de manière claire au facteur humain. La justice ne peut juger les influences sociales, l'état de l'environnement, le défaut d'un véhicule, l'imbrication de ces facteurs.

Les contrôles et les sanctions sont mal perçus : de multiples raisons sont à l'origine de cette perception. La principale semble provenir du faible nombre des relevés d'infractions et des dossiers jugés. Il est si rare de se faire prendre en état d'infraction que le premier sentiment qui vient à l'esprit avant la culpabilité est un sentiment d'injustice : pourquoi moi et pas tous les autres qui sont en infraction. L'automaticité des contrôles de vitesse (voitures banalisées, cinémomètres embarqués) apporte une réponse partielle à cette question. De plus, la rareté des contrôles est le plus souvent associée à des sanctions très sévères pour les conducteurs. Cette tendance que cherche à inverser la mise en place du permis à points vient encore renforcer le sentiment que le système actuel de contrôles et de sanctions ne permet pas la garantie d'une justice pour les infractions routières.

Les critères d'efficacité

Le premier critère considère que des sanctions de sévérité modérée, mais fortement probables forment un système plus efficace que des sanctions rares et sévères. Le second est le temps s'écoulant entre le relevé de l'infraction et le début d'application de la sanction. Plus ce temps est court, plus la sanction est efficace et mieux elle est acceptée. D'une certaine façon, la lenteur des procédures concernant les infractions routières permet de comparer les comportements illégaux en automobile aux comportements nocifs comme fumer ou se droguer. Pour ceux-ci, le plaisir immédiat qu'ils procurent voile leur caractère dangereux à long terme. L'amende forfaitaire payable sur-le-champ vise à répondre à ce dernier critère.

A l'encontre de certains principes du droit pénal

La lutte pour la sécurité routière repose en partie sur un renforcement de l'efficacité de la chaîne contrôle-sanction. Les récentes mesures comme l'autorisation donnée à la police et à la gendarmerie de procéder à des contrôles d'alcoolémie sans réquisition du procureur de la République ou comme le permis à points, visent à élaborer un processus de sanctions systématiques, rapides et normalisées. Les risques de sur-saturation du système judiciaire ne manquent pas.

Cependant, il semble que la rénovation des contrôles et des sanctions passe par l'adaptation de certains principes juridiques aux problèmes de sécurité routière. Deux initiatives juridiques paraissent intéressantes de ce point de vue :

– la possibilité de retirer le permis de conduire par ordonnance pénale, c'est-à-dire sans comparution au tribunal ;

– l'institution d'une présomption de responsabilité du titulaire de la carte grise d'un véhicule en infraction en cas d'impossibilité d'identification du conducteur, comme cela existe déjà pour les contraventions au stationnement.

L'instauration de ces règles qui pourraient déboucher sur la création d'un contentieux spécifique des infractions routières nécessitera certainement de longues années de débat.

Conclusion

L'action réglementaire sur les comportements est historiquement la première méthode employée pour lutter contre l'insécurité routière. Les grandes mesures adoptées au début des années soixante-dix ont permis de limiter et de contenir le phénomène. Aujourd'hui, l'ensemble des pays industrialisés est doté d'un cadre réglementaire incluant la lutte contre les excès de vitesse et l'alcool au volant, l'obligation du port de la ceinture et du casque pour les deux-roues.

L'avenir de cette stratégie se situe désormais :

– dans une meilleure application des mesures prises,

– dans de nouvelles mesures innovatrices complétant ou corrigeant le système déjà existant.

Simultanément, l'action réglementaire technique concernant les infrastructures et les véhicules permet d'orienter progressivement les évolutions de ces domaines vers la sécurité routière. Elle permet aussi dans certains cas (exemple des ronds-points et de la priorité à l'anneau) d'influencer les comportements. Longtemps concentrée sur les infrastructures neuves ou sur la conception des véhicules, la réglementation s'intéresse de plus en plus à l'entretien et au contrôle de ces deux éléments.

La principale limite à l'action réglementaire de sécurité routière est qu'elle doit affronter des logiques très diverses pour être mise en œuvre et respectée. Au niveau originel de la prise de décision, elle doit s'intégrer dans la situation politique du moment. Pour ce qui est des véhicules, la logique de la compétition économique rend plus lentes les avancées en matière de sécurité routière. Les infrastructures, leur conception et leur entretien ont été longtemps dominés par la logique de la conception technique d'un instrument de mobilité.

Enfin, concernant les comportements, la lutte contre l'alcool au volant s'oppose à une pratique sociale très largement ancrée dans

la société ; les limitations de vitesse vont à l'encontre de valeurs sociales très fortes, la masse des infractions vient bousculer les fondements du droit pénal, les opérations de répression sur le terrain sont considérées comme un mal nécessaire par la police et la gendarmerie.

Toutes ces résistances trouvent leur origine dans le simple fait que la société est à la fois juge et partie en matière de lutte contre l'insécurité routière. D'une certaine manière « la collectivité a la jurisprudence qu'elle mérite » (C. Cellier, in *[COLOMB, 1990]) et décide de l'efficacité de la réglementation qu'elle se donne.*

On le voit, la réglementation ne suffit pas à elle seule à combattre l'insécurité routière. La lutte pour la sécurité routière consiste aussi en une multitude d'actions d'incitation sociale.

3 L'action incitative et mobilisatrice

Introduction

Après avoir présenté l'action réglementaire, nous sommes conduits naturellement à aborder ce que nous appellerons l'action incitative et mobilisatrice. Elle se propose de faire évoluer de façon significative le comportement collectif des conducteurs, ultimes décideurs en matière de sécurité routière, de transformer des « convergences apparentes en consensus réel, profond et durable en faveur de la sécurité routière » [DSCR, 1989], d'aboutir à une conduite « maîtrisée et apaisée ».

En effet, « après avoir mis en place de multiples réglementations, l'état actuel de la sécurité routière se caractérise par le fait qu'on s'interroge de plus en plus sur la possibilité d'une meilleure gestion des comportements dans la circulation »[OCDE, 1986].

L'action incitative et mobilisatrice vise donc, en plus de l'accompagnement de mesures réglementaires, à faire prévaloir à long terme des principes relevant du sens civique. Pour parvenir à un tel objectif, elle s'appuie logiquement :

– sur la communication, l'information, la formation en relation directe avec l'individu ;

– de manière plus récente, sur des actions de partenariat avec des relais d'opinion crédibles et légitimes, comme par exemple les collectivités locales et les associations.

Les actions de communication et de formation

Les actions qui s'adressent directement aux individus se divisent schématiquement en trois grands types : les campagnes médiatiques, les actions d'information et les actions de formation. Elles ont pour objectifs d'accroître la valeur attribuée à la sécurité de la conduite par les individus, de développer un sentiment de solidarité sur la route, d'améliorer l'appréciation de la capacité de conduire en sécurité, de renforcer l'approbation des règles de conduite et la volonté de s'y soumettre, autant de facteurs déterminant l'adoption d'une conduite apaisée.

Les campagnes médiatiques

Les campagnes de publicité pour la promotion de la sécurité routière jouent un rôle important. Elles sont nationales, régionales ou locales et remplissent différentes fonctions. Les messages sont centrés sur une information, sur des attitudes et des comportements particuliers, etc.

Un moyen : la persuasion

Les campagnes ont différents objectifs : inculquer une connaissance, influencer les attitudes, et se fondent sur la persuasion. L'exercice est rendu difficile par le fait que l'utilisation des médias est à sens unique. Le récepteur ne peut pas répondre ou en savoir plus et inversement : celui qui émet le message n'a pas de possibilité de le modifier en fonction d'une réponse immédiate.

La rigidité de ce type d'action est renforcée par le fait que les messages ne sont pas toujours perçus en situation de conduite : la télévision, les journaux n'offrent pas cette possibilité. Les limites inhérentes de l'action médiatique, les sommes d'argent élevées qui lui sont consacrées obligent à poser la question de la meilleure façon de communiquer.

Les critères d'efficacité

Certains principes de base ont pu être identifiés [OCDE, 1986] notamment à partir des expériences nationales.

Crédibilité de l'organisme émetteur

Il est reconnu que la persuasion augmente en fonction de la crédibilité de la source du message.

Réduire la distance entre « émetteur » et « récepteur »

La persuasion sera d'autant plus efficace que l'individu qui reçoit le message se sent proche, s'identifie ou ressemble à l'organisme émetteur : des conseils identiques publiés par la presse spécialisée ou diffusés par les pouvoirs publics seront différemment acceptés selon les individus.

Adopter le bon ton

Les expériences passées ont conduit à écarter les tons moralistes, dramatiques, fatalistes, extrémistes (trop d'humour ou trop de violence) pour privilégier une communication plus suggérée, fondée sur un ton objectif, informatif et pédagogique visant à expliquer les risques de la conduite et comment les éviter et, de manière combinée, sur un ton émotionnel touchant la sensibilité des individus, en évitant la dramatisation.

Les opérations « coup de poing » : un usage à modérer

Les opérations « coup de poing » ne visent pas des effets durables. Elles participent à des actions spécifiques de sécurité routière, ciblées dans le temps (« une journée sans accident », un départ en vacances) ou dans l'espace (une municipalité, un axe particulier). Leur répétition excessive entraîne cependant une banalisation dans le public et l'émergence d'un sentiment de dispersion ou d'incohérence de l'action.

La communication nationale

La « communication sociale » débute à la fin des années soixante, alors que se développait l'interministérialité de la sécurité routière. Auparavant, la communication était dispersée et orientée sur les intérêts propres des organismes émetteurs, en particulier les ministères.

La première période active, de 1973 à 1987, s'est caractérisée par des campagnes thématiques tournant principalement autour de l'alcool au volant, du port de la ceinture ou du casque, du respect de règles majeures (feu rouge, priorités) et des limitations de vitesse.

La succession de ces campagnes sectorielles a aidé à la prise de conscience de la gravité du problème. On s'est orienté depuis vers des campagnes plus globales.

L'évaluation : problème difficile

On peut distinguer trois niveaux de mesure de l'efficacité d'une campagne médiatique :
- la modification des opinions,
- la modification du comportement,
- l'évolution du nombre d'accidents.

Cependant, l'évaluation est difficile. En effet, les campagnes médiatiques sont rarement des événements isolés de sécurité routière. Elles accompagnent une nouvelle législation, une surveillance accrue, une modification de l'infrastructure. Il est alors difficile de faire la part des choses. De plus, si l'on parvient à provoquer une évolution de l'opinion, il est délicat, du fait du décalage entre le comportement déclaré et le comportement réel, de déduire une modification de ce dernier.

Il paraît clair qu'une campagne de communication ne peut pas, à elle seule, faire baisser le niveau de l'insécurité routière, sauf de façon très momentanée. Elle participe cependant au maintien des tendances lourdes, comme la diminution lente des taux d'accidents et de tués.

Ainsi, c'est par la persuasion que les campagnes médiatiques agissent sur les comportements. Leurs effets sont très difficiles à quantifier, ils dépendent largement de la crédibilité de « l'émetteur » auprès du « récepteur » et du ton adopté.

La communication nationale s'est d'abord fondée sur des campagnes thématiques, elle repose désormais sur des messages globaux comme, par exemple, « Ensemble, on est sur la bonne route ». Cette évolution provient plus de l'étude des expériences passées que d'une meilleure connaissance des mécanismes de succès d'une campagne de sécurité routière.

Les actions d'information

L'enjeu

L'information, si elle est une part des actions de communication, ne relève pas seulement de celles-ci. Pierre Graff, dans *Permis de détruire in* [COLOMB, 1990], énonce : « L'insécurité routière, ce n'est pas un phénomène inconnu, ce n'est pas le Sida. Les accidents de la route, on sait pourquoi et comment ça se produit, et on connaît les remèdes. Les experts internationaux ne discutent même plus des remèdes entre eux, ils sont d'accord, ils sont en aval, ils discutent sur les moyens de les mettre en œuvre. Mais ce qui est paradoxal en France, c'est que ce savoir-là n'est pas reçu. On n'est pas cru. On est critiqué ».

On le voit, l'enjeu d'une meilleure information consiste à :
– transmettre les fondements de l'insécurité routière. Dire et rappeler « qu'on est passé de 16 000 morts par an en 1972 à 12 000 (en 1975) grâce aux limitations de vitesse et à la ceinture » (C. Got, *in* [COLOMB, 1990]). Il s'agit là de faire concurrence et d'affaiblir les sources d'informations partielles ou erronées, offrant aux gens la possibilité de privilégier l'une ou l'autre en fonction de leur préférence personnelle ;
– avoir la crédibilité d'une source de données en sécurité routière. Trop de controverses entourent les résultats statistiques, les sources sont trop dispersées ;
– compenser les lacunes dans l'information du public, en particulier en matière de procédure et de réglementation.

Enfin, une source unifiée de statistiques ?

L'idée n'est pas nouvelle

L'idée de rassembler au sein d'un organisme crédible l'ensemble des statistiques de sécurité routière n'est pas nouvelle. Une telle démarche constitue le premier pas vers des commentaires et des interprétations plus rationnels et objectifs. En 1983, la création d'un Observatoire national de sécurité routière, bien qu'ayant amélioré l'organisation des statistiques, « n'avait pas permis de mettre fin à la diffusion, par des sources multiples, de renseignements partiels et difficilement interprétables » [DSCR, 1989].

Le *Livre blanc* de la Sécurité routière [DSCR, 1989] insiste à nouveau sur ce point en proposant la création du centre d'études et d'information de la sécurité routière, centre qui serait « habilité à collecter les données nécessaires auprès de l'ensemble des administrations et institutions concernées ».

Les difficultés à surmonter

La première difficulté est la diversité des sources émettrices de statistiques. La variété des domaines de la sécurité routière (comportements, infractions, accidents, conséquences médicales, judiciaires, financières, etc.) implique des statistiques partielles souvent peu comparables.

Un autre obstacle réside dans l'interprétation des chiffres. La complexité du domaine facilite le brouillage de l'information, des conclusions hâtives révélatrices d'une méconnaissance du problème ou d'un conditionnement social. Enfin, certaines lacunes dans la connaissance de la sécurité routière empêchent, bien sûr, la production d'une information complète et rationnelle.

L'information combinée à la répression

Les actions de renforcement des contrôles ont des effets amplifiés si elles sont accompagnées d'information. Le premier cercle à informer et convaincre est constitué des acteurs des contrôles (police et gendarmerie en France), et cela est d'autant plus nécessaire que le comportement visé va à l'encontre des pratiques (par exemple, les limitations de vitesse). L'information démontrant l'utilité d'un comportement, quand elle est diffusée aux conducteurs, permet une meilleure acceptation des contrôles.

Mais, c'est informer les conducteurs qu'un renforcement des contrôles va avoir lieu qui permet d'accroître l'efficacité de celui-ci. L'idée maîtresse est de transformer par l'information, par la visibilité des opérations de contrôles, une probabilité objective d'être contrôlé, en général faible en raison des moyens souvent restreints, en une probabilité subjective forte pour l'usager.

Le danger principal d'un tel dispositif est un mauvais équilibre entre information diffusée ou ambition affichée et moyens mis en œuvre. Définir une méthode pour trouver cet équilibre fait l'objet de recherches appliquées [ROOIJER et DE BRUIN, 1990] qui pourraient s'avérer utile aux collectivités locales et à leurs services de police, par exemple.

L'information accompagnant les contrôles des infractions, et la transmission la plus large des connaissances constituent des

moyens d'intervention importants ; ce faisant, l'État souhaite transmettre aux conducteurs une culture incontestée et partagée de sécurité routière.

L'éducation et la formation

L'éducation des enfants ou le mauvais exemple des adultes

C'est une loi de 1957 qui a rendu obligatoire l'éducation routière à l'école. Les premiers à en bénéficier sont depuis environ vingt ans sur les routes. Trois circulaires ont, en 1987, rappelé aux enseignants des écoles leurs obligations et ont été une occasion pour le ministère de l'Éducation nationale de renforcer son action.

Les effets de l'éducation des enfants restent, bien sûr, très difficiles à évaluer. Bien que des experts européens établissent que « la sensibilisation à la sécurité routière est encore très inégale en milieu scolaire » [CCE, 1991], les statistiques françaises semblent encourager la poursuite des efforts. Entre 1970 et 1990, le nombre d'enfants âgés de 0 à 9 ans tués sur les routes a diminué d'un facteur 4,5, alors que le facteur moyen (tous usagers confondus) était de 3. Cette diminution est attribuable à de multiples causes, parmi lesquelles vraisemblablement l'enseignement de sécurité routière à l'école et les aménagements locaux. On notera aussi la baisse de l'ordre de 10 % de la population de cette tranche d'âge pendant ces vingt ans.

Deux obstacles viennent limiter l'effet de l'action pédagogique :

– les programmes de sensibilisation sont parfois vécus comme une occasion de jeux, une détente et non pas comme une activité pédagogique dont il faut retenir quelque chose. Des expériences mettant les enfants en situation, les faisant participer à des campagnes locales ont été menées, mais sont rarement évaluées et diffusées ;

– le principal obstacle réside dans le décalage entre le contenu de la sensibilisation et le spectacle permanent offert par les adultes et, en particulier, par les parents. Le témoignage de G. Jurgensen, présidente de la Ligue contre la violence routière, [COLOMB, 1990] est sur ce point éloquent : « Ce qui ne va pas c'est la façon dont les adultes se conduisent. Il suffit d'observer la rue pendant deux minutes pour voir un adulte faire n'importe quoi. Par contre, on voit beaucoup d'enfants devant un passage clouté ne pas oser traverser, et personne ne leur cède le passage. Quand ma fille a voulu aller à l'école seule, je l'ai emmenée au premier feu rouge sans avoir besoin d'aller plus loin et je lui ai dit : « Tu sais que tu dois traverser au feu rouge, alors on va s'arrêter là et on va compter les voitures qui brûlent le feu rouge ». Toutes les fois que ça passait au rouge, il y en avait une, deux, parfois trois qui brûlaient le feu. Alors je lui ai dit : « Tu vois, les adultes ne font pas ce qu'ils devraient faire : tu vas aller à l'école seule, mais tu dois savoir que le feu rouge ne suffit pas, et qu'il faut aussi attendre que les voitures soient arrêtées ».

On comprend que l'éducation des jeunes enfants doit rester une priorité. C'est d'ailleurs l'option retenue par le ministère de l'Éducation nationale. Cependant, l'enseignement de sécurité routière est encore inégalement mis en œuvre. Enfin, la pratique des adultes, trop souvent opposée au contenu de la pédagogie scolaire, atténue les effets de celle-ci.

La sécurité routière au collège

Au collège, la sensibilisation à la sécurité routière est actuellement formalisée par une attestation scolaire, délivrée en classe de cinquième. Ce dispositif devrait être renforcé dans les années à venir par l'instauration d'une formation à la conduite des cyclomoteurs, sanctionnée par une autorisation réglementaire (dès 14 ans) et par une attestation délivrée en classe de troisième, prérequise pour la préparation des permis motocyclettes légères (permis AL) et toutes motocyclettes (permis A). L'objectif de ces mesures est d'établir un lien entre sensibilisation générale reçue au collège et formations théorique et pratique à la conduite.

La formation des nouveaux conducteurs

La formation vise à donner les rudiments nécessaires à l'intégration progressive des nouveaux conducteurs dans la circulation. Elle s'est longtemps limitée à un cycle de formation en auto-école sanctionné par l'examen du permis de conduire. Cette formation « traditionnelle » n'est plus adaptée aux connaissances acquises sur cette question. Il semble clair désormais que :
– l'examen, durant en général vingt minutes, ne mesure pas une performance moyenne du conducteur ;
– le permis de conduire est davantage perçu comme un droit à se déplacer en voiture que comme une formation à la sécurité routière ;
– les jeunes conducteurs acquièrent une meilleure maîtrise de leur véhicule par l'expérience, non prise en compte dans le système actuel d'attribution du permis.

Les actions les plus récentes cherchant à améliorer les conditions d'instruction de la conduite sont l'apprentissage anticipé de la conduite (AAC) et la réforme du permis de conduire. La première propose d'allonger la période d'obtention d'un permis définitif et d'étendre l'apprentissage de la conduite à la prise de conscience de la dimension sociale de la vie sur la route. L'ambition dépasse largement l'acquisition d'une habileté suffisante dans la manipulation d'un véhicule. La deuxième consiste à revoir les modalités et le contenu de la formation. Une troisième idée, non retenue pour l'instant, est le permis probatoire.

L'apprentissage anticipé de la conduite

Des résultats encourageants

Le dispositif de l'AAC se compose de trois phases :
- une formation initiale pouvant être délivrée à partir de 16 ans dans une auto-école agréée, ponctuée par la délivrance d'une attestation de capacité ;
- une période limitée à deux ans de conduite accompagnée pendant laquelle 3 000 kilomètres doivent être parcourus. Cette période fait l'objet d'un suivi pédagogique ;
- l'examen du permis de conduire (à partir de 18 ans).

Les premiers résultats sont encourageants : 80 % de réussite à l'examen du permis de conduire au lieu de 50 % avec la filière classique. Le risque d'accident des jeunes ainsi formés serait divisé par 4. Ces résultats ont conduit les pouvoirs publics à promouvoir en le généralisant ce type d'apprentissage. En effet, cette formation ne représente actuellement que 5 % des permis délivrés annuellement et n'intéresse qu'une tranche socio-culturellement privilégiée de la population.

Le succès de l'AAC dépend d'une lourde mobilisation sociale

La réussite de l'AAC suppose une mobilisation sociale importante. Outre l'investissement du nouveau conducteur, il suppose la présence d'un accompagnateur et le suivi pédagogique d'un instructeur spécialisé devant lui-même être formé. Les accompagnateurs désignés sont les parents, mais certains jeunes en sont séparés et certains parents doivent être encouragés. Les auto-écoles sont chargées du suivi pédagogique. Cependant, le contexte professionnel semble difficile, en témoigne l'insuffisance chronique des effectifs d'inspecteurs du permis de conduire.

De plus, la promotion de cette formation doit mobiliser d'autres partenaires comme les associations de parents d'élèves ou les assurances.

Le rôle joué par les assurances reste timide actuellement et devrait s'amplifier à l'avenir dans deux directions :
- rendre l'AAC attractif sur le plan financier en supprimant la surprime des conducteurs novices pour ceux ayant adoptés cette filière ;
- plus généralement mieux insérer les jeunes conducteurs parmi les autres usagers. 11 % d'entre eux, estime t-on, roulent sans assurance.

La sécurité routière au service de l'insertion de jeunes en difficultés

L'AAC, s'il ne peut être généralisable à l'ensemble des jeunes conducteurs, peut au contraire être particulièrement valorisé dans la situation des jeunes en difficultés. En effet, l'accession accompagnée au permis de conduire constitue pour des jeunes en échec scolaire, disposant de faibles ressources financières, séparés ou n'ayant pas de structure familiale, un facteur d'intégration sociale et professionnelle. Une action visant la mise en œuvre de ce programme a été récemment décidée entre les administrations concernées.

La réforme du permis de conduire

Elle repose sur le Programme national de formation, ouvrage de référence en matière d'apprentissage de la conduite, publié en 1989 par la DSCR. La maîtrise du véhicule, la perception de son environnement et l'estimation du risque occupent une part essentielle de ce document.

Le permis probatoire

Le principe du permis probatoire est d'instaurer entre la réussite à l'examen du permis de conduire et la délivrance d'un permis définitif une période d'apprentissage contrôlé de deux ans constituée notamment d'un suivi pédagogique.

Bien que « les évaluations en cours de ce système ont jusqu'à présent donné des résultats qui ne sont pas concluants » [CCE, 1991]), son utilisation semble se généraliser en Europe. En France, le permis probatoire est recommandé par la commission Giraudet, rédactrice du *Livre blanc* de la Sécurité routière. Il présente l'intérêt d'être une formule généralisable et alternative de l'AAC.

La formation des formateurs

Les mesures visant à l'éducation des conducteurs s'appuient sur un corps d'enseignants qui, eux-mêmes, ont reçu une formation selon les orientations du BPCASER (Brevet pour l'exercice de la profession d'enseignant de la conduite automobile et de la sécurité routière) et du BAFM (Brevet d'aptitude à la formation des moniteurs). Actuellement en France, l'ENCER (Ecole nationale des conseillers en éducation routière) assure la formation de ces formateurs.

Les actions en matière de formation des conducteurs cherchent à intégrer l'accès à l'automobile dans le processus plus global et progressif de l'apprentissage de la vie en société bousculant ainsi un système administratif trop éloigné de la réalité. L'apprentissage anticipé de la conduite est la formule nouvelle qui semble la plus efficace mais aussi la plus exigeante dans sa mise en œuvre en termes de mobilisation sociale.

Conclusion

La formation des conducteurs, l'éducation des futurs usagers de la route constituent des moyens importants de prévention routière. C'est une action à long terme, difficile à évaluer. Relevant de l'action sociale, son efficacité dépend largement de l'engagement des groupes sociaux concernés et, tout particulièrement, de la cellule familiale quand elle existe, comme le démontre le système exigeant de l'apprentissage anticipé de la conduite.

Les actions recommandées dans ce domaine visent à renouveler les méthodes traditionnelles d'éducation et de formation en sécurité routière, souvent ramenées au rang de formalités.

Le partenariat ou l'action sur les institutions

Les chapitres précédents ont mis en évidence à plusieurs reprises combien la sécurité routière était un phénomène social, et combien son amélioration exigeait la mobilisation d'acteurs sociaux, économiques et techniques. La méthode d'action décrite dans ce paragraphe consiste à valoriser le rôle d'intermédiaire dans la lutte pour la sécurité routière à des groupes ou à des institutions.

Elle s'inspire du modèle établissant une hiérarchie des niveaux d'intervention sur les individus [GELLER et LUDWIG, 1990]. Le premier niveau représente les actions s'adressant à une population très large mais ayant une influence modérée. Les niveaux suivants sont ceux des opérations menées par des individus influencés par les actions des niveaux antérieurs, s'adressant à des populations non influencées par celles-ci : à ces niveaux, les interventions sont donc plus ciblées et ont un impact sur des individus encore non touchés. En matière de sécurité routière, si les actions de réglementation et de communication relèvent plutôt du premier niveau d'intervention, la mobilisation des acteurs potentiels de la sécurité routière relève des niveaux suivants et cherche en cela à élargir et amplifier les effets des actions globales.

On distinguera par la suite des méthodes concrètes d'action relevant de cette démarche : l'interministérialité, l'intégration de la sécurité routière dans les politiques locales, la formation de corps professionnels et, enfin, les actions diverses de partenariat ou de mobilisation d'acteurs potentiels.

L'interministérialité

L'action interministérielle a été rapidement ressentie par l'État comme une nécessité. Elle s'est traduite par la création d'institutions rapportant directement au Premier ministre, rassemblant des fonctionnaires compétents, animateurs de l'action de l'État en matière de sécurité routière. Ainsi, il n'existe pas de ministère de la Sécurité routière (même si ce domaine est traditionnellement rattaché aux Transports) ou d'équipe interministérielle lourde, opérationnelle, sur le terrain. Le principe de l'animation interministérielle est d'intégrer la sécurité routière à l'action de chaque ministère, cette intégration étant supposée plus efficace qu'un travail plus isolé administrativement. Ainsi, au sein de l'État, l'organisation institutionnelle fait de la sécurité routière l'affaire de tous.

La mobilisation des pouvoirs locaux

L'intérêt d'une action locale

L'action des responsables territoriaux locaux en matière de sécurité routière est essentielle. Elle permet tout d'abord d'appuyer et de faire pénétrer dans le tissu local des mesures de politique globale. Et surtout, c'est par elle que se résolvent les problèmes locaux spécifiques de sécurité routière, comme par exemple la sécurité des réseaux secondaires ou celle du milieu urbain. L'évolution des statistiques de sécurité routière n'est que le résultat d'améliorations notoires de la sécurité locale.

Pour l'animateur d'une politique globale, la motivation des pouvoirs locaux est donc essentielle. Cette démarche est bien sûr celle de l'État vis-à-vis des collectivités locales et particulièrement les départements et communes. De plus en plus incitative, elle se fonde sur des apports de finances et de connaissances. Mais c'est aussi une démarche que la Communauté européenne doit adopter vis-à-vis de ses États membres. L'action en ce sens est pour l'instant très réglementaire, en raison notamment du caractère technique (véhicules, code de la route) des directives européennes.

L'initiative des responsables locaux

Pour le responsable d'une agglomération, par exemple, la sécurité routière est une préoccupation de même nature que pour le pouvoir central. Sur un espace plus réduit, la lutte pour la sécurité passe aussi par des actions multiples. L'initiative de ce responsable conduit dans certains cas favorables à développer une politique locale, indépendante dans les objectifs, dans le financement, dans les compétences et dans l'évaluation. C'est le cas, par exemple, dans les agglomérations de Paris, Lille, Rennes.

L'incitation financière

Pratiquée pour de multiples causes, elle permet à l'État de développer des actions de sécurité routière là où peu de fonds y sont consacrés (petites agglomérations, départements à faible densité de population) et lui laisse la possibilité de gérer ces actions en termes contractuels.

Les critères de l'attribution des crédits ont évolué. Dépendante au départ du degré de conformité des demandes locales avec les dossiers pilotes, établis par l'État, l'attribution est désormais moins normative [STEINHART, 1985]. Les dossiers pilotes se sont transformés au cours des années soixante-dix en dossiers d'études de cas. La décentralisation de 1982 a encouragé cette évolution, comme en témoigne le principe des opérations « Objectif - 10 % ». Cette action, qui s'est déroulée au cours des années quatre-vingt, était un appel à une politique contractuelle entre l'État et les départements, les villes ou agglomérations de plus de 50 000 habitants dans laquelle les élus locaux s'engageaient à atteindre l'objectif de réduction de 10 % du nombre des accidents corporels en douze mois. On le voit, l'attribution de fonds dépend ici de l'atteinte d'un objectif et laisse une grande liberté aux collectivités territoriales dans les moyens d'y parvenir.

L'apport de compétences et de méthodes

Au cours de la décentralisation, la sécurité routière est restée du domaine de l'État, en tant que sujet d'intérêt national. Une ambiguïté découle de cette répartition entre des collectivités territoriales aux responsabilités d'action accrues et l'État, et ses services, conservant les compétences de sécurité routière. Ce décalage se comble de fait grâce, d'une part, aux publications techniques de synthèse des services comme le Centre d'études des transports urbains (CETUR) ou le Service d'études techniques des routes et autoroutes (SETRA) et, d'autre part, à des actions innovantes qui, outre leur impact direct sur les lieux concernés, sont ensuite utilisées à des fins pédagogiques (élaboration de méthodes opérationnelles).

L'opération « Ville plus sûre, quartiers sans accidents » est de celles-ci. Elle est née d'un rapprochement entre quelques professionnels : ingénieurs, urbanistes, sociologues travaillant dans des secteurs voisins, complémentaires, mais souvent cloisonnés, autour de cette question : « Quelle contribution pouvaient apporter les « aménageurs » à cette cause nationale que constitue la lutte contre l'insécurité routière ? » [CETUR, 1990]. Devenue en 1984 un programme interministériel, cette opération s'est concrétisée par une quarantaine d'opérations réalisées entre 1985 et 1988. Ce petit nombre de réalisations a maintenu l'opération au rang d'action pilote, point de départ :

– « d'un nouveau mode de pensée conciliant sécurité et qualité de la vie en ville ;

– d'une affirmation du rôle conjoint des élus locaux et du chef de projet ;

– d'une approche croisée entre disciplines et professionnels ;
– du souci d'expérimenter sur le terrain et d'innover ».

Un ouvrage méthodologique à l'intention des praticiens de l'aménagement a été publié par le CETUR [1990] et permet d'élargir le champ d'application de l'opération initiale.

L'action locale de l'État

C'est aussi en assurant une présence décentrée que l'État parvient à mettre en place des actions locales. Le préfet de chaque département est en effet le responsable des actions locales. La procédure des plans départementaux d'actions de Sécurité routière (PDASR), d'une part, oblige le préfet à mener une action et d'autre part apporte un relais et un encouragement aux propositions émanant des responsables locaux. Les actions des PDASR couvrent des domaines très diversifiés : infrastructure, éducation, formation, communication, contrôle et sanction, alerte, secours et soins. Elles sont toutes conçues à partir d'un diagnostic local de la sécurité routière.

La mobilisation des pouvoirs territoriaux constitue un passage obligé de la lutte pour la sécurité routière. Si de grandes agglomérations développent de manière indépendante leur propre politique de sécurité, l'État se doit d'encourager et de renouveler par des incitations financières, par des actions innovantes, par un transfert d'information et, enfin, par une présence « sur le terrain » la prise en charge locale de la sécurité routière. Les actions locales concernent les infrastructures, en particulier le réseau secondaire et l'aménagement urbain, et le comportement des usagers.

La formation des relais de sécurité routière

Un programme ambitieux

De même que chaque usager reçoit une formation de sécurité routière, de même ceux qui sont amenés à délivrer cette formation ou à jouer un rôle actif doivent avoir des connaissances spécifiques. Cette démarche participe à une action plus globale de sensibilisation des acteurs institutionnels de la sécurité routière dont l'objectif ultime est de créer un état d'esprit, un mode d'exercice des métiers concernés.

L'action de la DSCR en matière de formation illustre assez bien les besoins. Sont prévus ou à prévoir des programmes destinés aux :

– chargés de mission de la sécurité routière (conseillers techniques auprès des préfets de département), et des autres personnes assurant des relais locaux ;
– commissions médicales du permis de conduire ;
– magistrats ;
– enseignants ;
– moniteurs d'auto-école ;
– unités spécialisées de gendarmerie et de police ;
– personnel du ministère de l'Équipement.

La pédagogie à l'intention des directions départementales de l'Équipement

Une réflexion sur le sujet a été mise en place par la DSCR au début de 1989. Comment, en effet, amener les DDE à attacher une importance accrue à la sécurité routière en tant qu'aménageurs de la route, gestionnaires du trafic, ou animateurs de politiques locales de sécurité ? A partir d'une analyse des différents « métiers » d'une DDE, l'intérêt d'une action double a été reconnu :
– la constitution d'un véritable « savoir de base » de la sécurité routière accessible à l'ensemble des responsables et des praticiens ;
– la mise en place d'une pédagogie ciblée sur les « métiers » des DDE et établissant des modes d'action concrets.

C'est le présent ouvrage qui répond au premier point. Plus largement, les éléments de culture générale ici rassemblés constituent une introduction à la sécurité routière pour tous ceux qui en sont acteurs potentiels.

La formation délivrée à l'ensemble des acteurs de la sécurité routière constitue un pas vers l'émergence d'un état d'esprit, d'un mode d'exercice des métiers concernés. La formation du personnel des directions départementales de l'Équipement est un bon exemple des avancées en ce domaine.

Les actions de partenariat

Des actions multiples et innovantes

Au-delà des acteurs des politiques nationales et locales de sécurité routière, dont la pratique est soutenue par un cadre structurel, par une organisation solide sur le terrain, par des actions de formation, il convient d'élargir la sensibilisation à des groupes socio-professionnels restés jusqu'à présent discrets ou étrangers à la sécurité routière. Tisser des liens avec les acteurs potentiels constitue le partenariat, méthode d'action utilisée tant au niveau national qu'au niveau local. C'est aussi par cette démarche souple et innovante que le travail et l'énergie des associations peuvent être mis en valeur.

Sur le plan local, les Plans départementaux d'actions de sécurité routière illustrent la très grande diversité des partenaires possibles. En 1989, on a assisté par exemple : dans le Gard à une « opération jeunes conducteurs » menée par l'Automobile-Club secondé notamment par Total et Citroën ; dans les Bouches-du-Rhône à l'opération « Moi jamais » menée par le service de circulation de la ville de Marseille et l'équipe des médecins animée par le professeur Bardot ; dans le Cher à l'opération « Trophée de la victoire sur les accidents » menée par le Centre de formation de la police de Sancerre avec la préfecture et la Mutuelle générale de la Police.

A l'échelon national, les actions de partenariat ont été développées depuis maintenant environ cinq ans.

A l'étranger, aux Pays-Bas une campagne de contrôle du port de la ceinture a été organisée en coopération avec des militaires, de manière à toucher plus particulièrement les jeunes de 18 à 25 ans [HAGENZIEKER, 1990].

Les paragraphes suivants cherchent à présenter les principaux acteurs comme les associations, déjà bien engagées pour certaines, les entreprises, les assurances et les constructeurs avec qui les avancées sont plus lentes.

Les associations

Un mode de participation privilégié

Les associations sont, en France et de manière générale, très actives, très nombreuses. Environ une centaine d'associations sont en relation à ce jour avec la DSCR, dont une trentaine ayant pour objectif principal la sécurité routière; parmi elles la Prévention routière (moyens importants et rôle historique). S'associer semble être une tradition culturelle. C'est en tout cas le mode de participation privilégié des usagers à la lutte pour la sécurité routière. De ce fait, elles renvoient, notamment à la façon dont les actions sont vécues, ce qui en fait les interlocuteurs privilégiés des animateurs de sécurité routière.

L'évolution récente

L'action des associations a évolué à partir d'une position revendicative vers une participation active [BARJONET et *al.*, 1989]. La mobilisation des adhérents est en général soutenue et se fait autour de concepts de civisme dépassant largement la défense d'intérêts sectoriels. Plus particulièrement, la lutte contre les accidents est désormais prise d'un point de vue global et induit des préoccupations plus larges comme la qualité de la vie, l'éducation des enfants, le respect mutuel, le besoin de justice. Ainsi, l'insécurité routière est lue comme un phénomène social.

Les militants ont eux aussi évolué. Autrefois syndicalistes et politiques, ils sont aujourd'hui souvent d'origine bourgeoise et de profil plus diversifié. Ingénieurs, magistrats, médecins offrent leurs compétences et permettent une meilleure insertion de leurs associations dans les processus de prise de décision.

En outre, la reconnaissance et l'influence des associations restent toujours liées à leurs performances médiatiques et, en particulier, celles de leur leader.

Des axes de travail

En 1990, une rencontre entre associations et pouvoirs publics a permis un rapprochement de ces deux groupes d'acteurs. Les interventions ont été rassemblées autour des quatre grands thèmes suivants :
- l'action éducative ;
- la communication et le partenariat ;
- l'action vers les jeunes en difficulté ;
- l'aide aux victimes.

Cette courte liste montre la diversité des actions menées, en général tournées vers la personne humaine. On peut ajouter des actions à caractère technique comme celles conduites par l'Association pour la diffusion des techniques de sécurité, créée à l'initiative de la Caisse des dépôts.

Enfin, on notera la participation à la commission Giraudet, rédactrice du *Livre blanc* de la Sécurité routière [DSCR, 1989], de personnalités comme Madame Christiane Cellier, Présidente de la Fondation Anne Cellier, et Madame Geneviève Jurgensen, présidente de la Ligue contre la violence routière.

La sécurité routière : un projet d'entreprise

L'objectif du partenariat avec les entreprises est au moins double. C'est d'abord renforcer la sécurité des conducteurs des parcs de véhicules des entreprises. C'est aussi sensibiliser les individus là où ils sont, utilisant l'adhésion des employés aux activités de l'entreprise. Cette action présente l'intérêt majeur de se rapprocher des hommes de 25 à 45 ans que les mesures globales de sensibilisation ont du mal à toucher.

Les arguments visant à intéresser les entreprises ne manquent pas. La sécurité routière, la réduction des sinistres des parcs automobiles peuvent se présenter sous la forme d'un défi pour la qualité, valeur mobilisatrice pour un chef d'entreprise. Le coût de l'insécurité routière est objectivement élevé, en termes de réparations matérielles, bien sûr, mais surtout en termes humains : les accidents de la circulation et de trajet représentent 14 % des accidents avec arrêt de travail et sont responsables de 65 % des tués considérés comme accident du travail (Source CNAM, 1986). Enfin, une politique de sécurité routière peut se valoriser en termes d'image de marque et de communication.

La « neutralité » des Assurances

La mission première de l'assurance n'est pas la prévention

La fonction essentielle de l'assurance et, en particulier, de l'assurance automobile est de fournir une compensation monétaire aux dommages constatés à la suite d'un événement particulier, tel l'accident. Facilitant l'engagement humain et l'esprit d'aventure en réduisant l'incertitude attachée aux événements négatifs, elle ne cherche donc pas à l'origine à réduire l'occurrence de ce type d'événements. En fait, les assurances ont créé et financent la Prévention routière.

Dans des domaines d'intervention caractérisés par un coût du risque très élevé, les Assurances ont favorisé la prévention en mettant en place, par exemple, une normalisation des équipements automobiles et de leurs conditions d'usage. Ce type d'activité ne se retrouve pas dans tous les domaines d'intervention de l'institution.

La réponse au problème du surrisque des jeunes conducteurs, qu'elle soit une prime plus élevée, solution du type « vérité des prix » ou bien, réponse minoritaire, un principe de solidarité inter-génération, résulte d'une approche économique n'intégrant pas la prévention. Il ne semble pas exister de réponse en termes de formation et d'éducation. Cette attitude relève-t-elle d'un scepticisme des Assurances envers l'efficacité des actions préventives ou bien d'une fidélité à la mission d'origine de répartition du risque financier ? La question semble être ouverte [CHICH, 1990].

La concurrence du secteur de l'assurance automobile

L'assurance automobile n'est pas considérée par les compagnies comme une partie noble de leur activité. Ce secteur, en raison, d'une part, de l'encadrement des prix — la tarification de la prime ne couvre plus l'augmentation du prix des réparations — et, d'autre part, de la tendance des assureurs à « casser les prix » n'est pas des plus rentables économiquement. L'assurance automobile, bénéficiant de l'obligation légale, est devenue un « produit d'appel » dont les pertes sont équilibrées par d'autres secteurs comme l'assurance-vie. Constituant une priorité concurrentielle, l'assurance automobile ne fera pas l'objet de dépenses supplémentaires, en particulier à visée préventive.

Le bonus-malus

Le bonus-malus n'est pas en l'état un outil de prévention. Il ne s'applique pas aux propriétaires de flotte supérieure à cinq véhicules, excluant ainsi la plupart des parcs des entreprises. De plus, rapidement ce système s'est déséquilibré et désormais 90 % des conducteurs bénéficient d'un bonus contre 2 ou 3 % d'un malus. Enfin, une conséquence pratique et perverse de ce système et de son déséquilibre est l'augmentation des accidents matériels non déclarés. On estime qu'ils représentent 40 % des accidents matériels.

Conçu au départ dans le but de récompenser les conducteurs estimés sûrs en termes de sinistres déclarés, de personnaliser la prime tarifaire en vue d'une plus grande justice, le bonus-malus devrait bénéficier d'une réévaluation.

Des atouts pour une action de prévention

Des atouts importants prédisposent les Assurances à jouer un rôle dans la sécurité routière. Tout d'abord la presque totalité des conducteurs, conscients du coût d'éventuels dommages d'accident, ont un lien contractuel avec une assurance. Cette attitude est bien sûr renforcée par l'obligation en France d'établir un tel lien. Le contrat offre de plus l'intérêt de pouvoir être personnalisé. Une Assurance peut, par cet intermédiaire, communiquer avec l'usager. Mieux encore, les Assurances ont connaissance d'une partie des habitudes (usage de l'automobile), de l'implication dans les accidents de chaque assuré et de leurs évolutions. Cette source d'information mériterait d'être étendue et analysée, de manière notamment à élaborer des stratégies de prévention. A ce jour, les fraudes d'assurance et le refus de celle-ci, en particulier par les jeunes pour qui elle est « trop chère », viennent biaiser les statistiques peu fournies des Assurances.

Les Assurances disposent en plus d'un moyen d'action : la tarification et l'incitation financière. Il pourrait permettre de développer le secteur encore peu exploré des récompenses et d'en étudier expérimentalement les effets bénéfiques sur les comportements.

Vers une action de partenariat

En 1990, un rapport de l'OCDE sur *L'assurance automobile et la prévention des accidents de la route* constate une nouvelle fois que les compagnies ne sont pas organisées ni finalisées autour de la prévention. C'est pourquoi, les responsables de la sécurité routière cherchent à les mobiliser.

En France, la DSCR envisage une série d'actions à court terme permettant de faire avancer ce dossier selon quatre directions [DSCR, 1990] :
– la prise en compte de la sécurité routière dans le milieu des assurances (étude des logiques de l'assurance, intéressement de l'assurance maladie au risque « trajet », etc.) ;
– adaptation des modalités d'assurance des conducteurs débutants ;
– effets du dispositif du permis à points ;
– contrats avec les chefs d'entreprises.

A plus long terme, un projet de recherche du programme PREDIT vise à analyser la connaissance du risque par l'assureur et les implications d'une organisation de l'assurance autour d'une politique de prévention (implications juridiques, tarifaires, etc.).

Les compagnies d'assurances ne sont pas tournées vers la prévention de l'insécurité routière. Elles se présentent, cependant, comme des acteurs potentiels privilégiés du fait de la relation contractuelle privée qu'elles entretiennent avec la très grande majorité des conducteurs. Elles ont ainsi l'opportunité d'instaurer une politique de prévention non étatique. Elles participent cependant aux actions publiques en s'intéressant au dispositif de l'apprentissage anticipé de la conduite.

Les constructeurs et la communication

Une grande expérience médiatique

L'action de sensibilisation à la sécurité routière ne fait pas partie des priorités des constructeurs. Le contact avec les conducteurs s'effectue par l'intermédiaire de la politique de vente des véhicules, principalement par la publicité.

L'industrie automobile est un secteur très concurrentiel et la publicité est incontestablement un instrument incontournable de l'économie de marché. Les sommes dépensées pour le lancement d'un nouveau modèle, l'expérience accumulée font des discours médiatiques des constructeurs un sujet d'analyse pour les spécialistes de sécurité routière [PFAFFEROTT, 1990].

Des messages en décalage avec la réalité automobile

Les messages de publicité des constructeurs tournent encore principalement autour du thème des performances et de la « sportivité » des voitures. La communication qui repose sur l'affirmation de soi du conducteur, sur le confort des véhicules présenté comme une garantie de sécurité, sur une mise en valeur excessive de la dynamique d'un véhicule, s'oppose à la sécurité routière. Elle provoque des conflits entre le rêve de l'automobile et la réalité de son usage quotidien.

On notera que : « de multiples enquêtes quantitatives indiquent que, parmi les motifs déclarés d'achat d'une voiture, les performances occupent un rang très modeste, loin derrière des caractéristiques comme l'économie, la fiabilité, la sécurité » [L'HOSTE, 1990]. La volonté d'entretenir un tel décalage peut éventuellement s'expliquer par les hypothèses suivantes :
– la sécurité, vue par l'ingénieur automobile, ne correspond pas à la sécurité routière dans son ensemble ;
– les valeurs de compétition et de dynamisme sont préférentiellement utilisées par les publicitaires aux dépens d'autres voies permettant de transcender la banalité du produit automobile ;
– le plaisir et le prestige de la vitesse sont encore des valeurs prises en compte dans l'achat d'un véhicule ;
– enfin, commercialement, les bénéfices les plus importants sont apportés par les voitures haut de gamme.

Un respect mutuel

Si certains messages vont à l'encontre de la sécurité routière, on observe des règles implicites respectées à la fois par les constructeurs et les pouvoirs publics : les premiers ne contestent jamais directement les positions des seconds, et les derniers n'argumentent pas à l'encontre de l'usage de l'automobile. Officiellement, un code de déontologie a été signé en novembre 1988 entre les constructeurs et la DSCR.

Les constructeurs automobiles sont des intervenants médiatiques importants. L'objectif de leur publicité est, bien sûr, la vente de leurs produits, et ils font le plus souvent appel aux valeurs de performance et de sportivité, par des messages ou des images parfois à l'opposé de la sécurité routière. La sécurité routière gagnerait à apaiser cette concurrence apparente, l'industrie automobile et la sécurité routière étant deux volets d'une même activité.

Conclusion

De nombreux types d'action sont utilisés pour inciter et mobiliser le corps social et ses composantes dans la lutte contre l'insécurité routière. La communication, la formation des conducteurs, l'éducation des enfants, la diffusion d'informations et de connaissances sont autant de méthodes cherchant à influencer le comportement du conducteur. Bien que leur évaluation soit extrêmement difficile à conduire, cette mobilisation pour une meilleure prise en compte de la sécurité routière apparaît indispensable : où en serions-nous sans cela ?

Comme on a essayé de le montrer, la sécurité routière n'est pas l'affaire de quelques experts de quelques disciplines, mais elle est bien l'obligation de tous. L'émergence d'une culture sécurité routière peut et doit être intégrée dans l'activité de chaque groupe social, responsable politique et économique. Le partenariat développé par la DSCR, les Plans départementaux d'actions de sécurité routière, l'initiative des pouvoirs locaux témoignent du fait qu'en sécurité routière il est toujours nécessaire et possible de trouver de nouveaux adhérents.

Trois difficultés majeures semblent néanmoins subsister :

– l'évaluation des actions entreprises ;

– la synthèse de ces actions sous forme de programmes cohérents et unifiés de court terme et de long terme ;

– la mobilisation d'acteurs potentiels privilégiés comme les assurances et les constructeurs.

4 La recherche : en amont de l'action

La recherche : une démarche fondamentale de la sécurité routière

La recherche en sécurité routière

Les traits spécifiques

La recherche en sécurité routière porte sur un phénomène complexe, à la fois diffus et concret, individuel et social. De ce fait, elle se doit d'être pluridisciplinaire et d'avoir des répercussions pratiques. De ce point de vue, si certaines expériences sont concluantes, la complexité de certains phénomènes (l'alcool au volant, par exemple) laisse perplexe.

Par ailleurs, elle doit transposer des situations concrètes, réelles en sujets d'études satisfaisant des hypothèses théoriques, difficultés rencontrées notamment dans les expériences de simulation.

Enfin, la complexité du phénomène, la diversité des références académiques invitent à la prudence quant à la formulation des résultats : en aménagement urbain, une solution efficace dans un site bien défini, ne le sera pas nécessairement ailleurs.

En France, une grande partie la recherche en sécurité routière est effectuée (hors secteur privé) par l'Institut national de recherche sur les transports et leur sécurité (INRETS). L'INRETS est un relais majeur pour la mise en œuvre des projets stratégiques de la DSCR.

L'une de ses missions consiste en la connaissance et l'évaluation de l'insécurité routière (coût économique, conception d'un modèle global) et comprend le traitement statistique des infractions, la psychologie de la conduite automobile, les études accidentologiques, la recherche et l'évaluation relatives à la sécurité des véhicules.

D'autres organismes, le CETUR, en particulier en matière de sécurité urbaine, remplissent des fonctions identiques.

Les axes généraux

Les grands axes d'études sont induits par le phénomène lui-même et la volonté de réduire son ampleur. On trouve ainsi :
– une recherche tournée vers une meilleure connaissance de l'insécurité routière : les statistiques, les accidents, les variables sociales, psychologiques, économiques, les évolutions ;
– une recherche plus explicative, concernant l'identification et l'impact des facteurs de l'insécurité ;
– une recherche proposant des solutions techniques ;
– une recherche concernant la lutte contre le phénomène, amenant à la proposition d'actions nouvelles, mais visant aussi à évaluer les actions déjà entreprises.

L'apport de la recherche en sécurité routière

La recherche est une activité essentielle de la sécurité routière. On peut schématiquement dire qu'elle assure trois fonctions :

L'élargissement des connaissances : cette démarche précède la plupart des actions menées en matière de sécurité routière et la persistance du phénomène démontre que l'on ne sait pas tout.

La conduite d'actions pilotes : cette fonction provient logiquement de la recherche expérimentale en sécurité routière, en matière, par exemple, d'infrastructure (opération « Ville plus sûre, quartiers sans accidents »). Ces expériences témoignent du dynamisme de la recherche et jouent parfois un rôle d'éclaireur important.

L'expertise : la fonction de conseil, d'expertise est relativement en marge de l'activité de recherche. Cependant, l'expérience accumulée en sécurité routière en vingt ans de recherche autorise et permet sur certains sujets de jouer ce rôle plus opérationnel.

La recherche étudiant ce qui n'est pas encore connu, se différencie des autres démarches de sécurité routière. De nombreux ponts s'établissent avec l'action sur le terrain par l'intermédiaire des expérimentations menées et de la mise en pratique des résultats de recherche. Avancer dans la connaissance est donc une façon d'améliorer la sécurité.

Deux thèmes de recherche en pointe

La voiture intelligente

Un des thèmes majeurs de recherche pour l'amélioration de la fiabilité du système de circulation routière et tout particulièrement de sa composante humaine vise à mettre au point un véhicule « intelligent ».

De quoi s'agit-il ?

Il s'agit de concevoir un nouveau véhicule équipé de fonctions informatiques qui faciliteront la conduite par la possibilité de recueillir et de traiter en temps réel de nombreuses informations interactives entre le véhicule et son environnement, ainsi que des informations propres au véhicule.

Cette entrée en force de l'informatique et de l'électronique dans la voiture permet le développement de nouvelles fonctions susceptibles d'améliorer le bon fonctionnement, la maintenance, le confort et particulièrement la sécurité [DOBIAS, 1987].

Une liste non exhaustive de ces nouvelles fonctions est la suivante :
– un contrôle de la maintenance du véhicule et de son fonctionnement ;
– un système autonome d'aide à la navigation pouvant être consulté sur un écran d'ordinateur et recouvrant la cartographie de l'Europe et le plan de certaines villes ;
– un radar anti-collision pouvant actionner une action de copilotage si les distances de sécurité ne sont pas respectées ;
– une aide à l'utilisation de services routiers (concessionnaires, dépannages)...

Les grands projets

Le Japon, l'Amérique du Nord et l'Europe préparent cette évolution grâce à de grands projets technologiques. Dans le cadre du programme européen EUREKA, le projet PROMETHEUS (Program for European Traffic with Highest Efficiency and Unprecedented Safety) a pour but d'augmenter la sécurité de la circulation routière et de diminuer les nuisances sur l'environnement, tout en rendant ce moyen de transport plus économique, plus rentable et plus adapté aux besoins des utilisateurs.

PROMETHEUS est exclusivement un programme de recherche précompétitif : les résultats en découlant seront mis à profit pour le développement de produits industriels dans un esprit de libre concurrence. Il concerne principalement l'aide à la conduite avec la mise au point d'un ordinateur de bord appelé « copilote intelligent » destiné à aider le pilote, voire à le remplacer dans certains cas. Ce programme intègre toutes les possibilités de communication entre les véhicules et avec l'environnement.

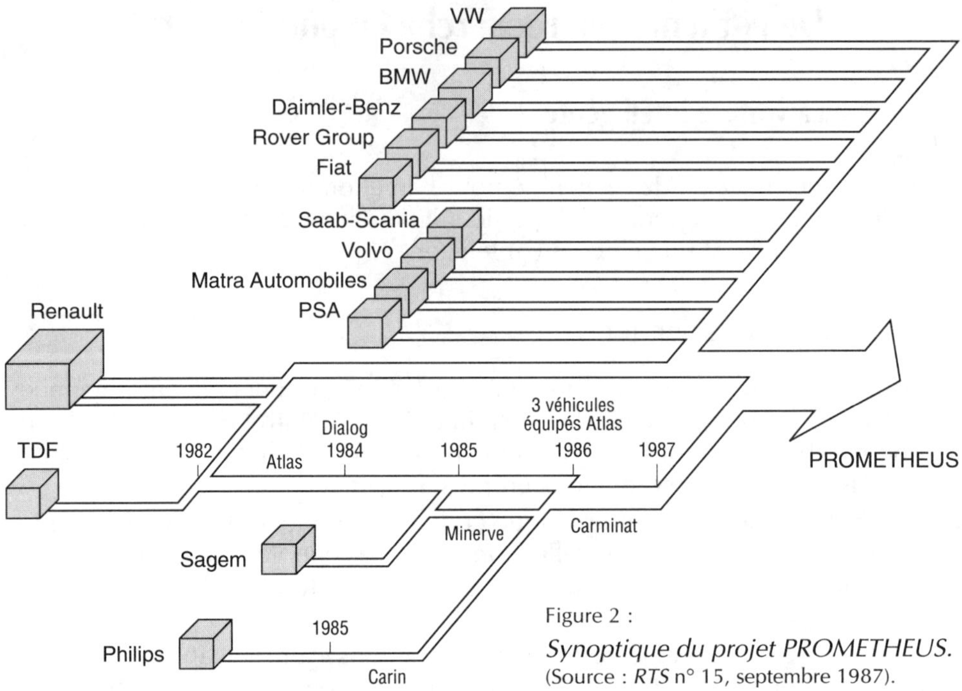

Figure 2 :
Synoptique du projet PROMETHEUS.
(Source : *RTS* n° 15, septembre 1987).

D'autres projets européens se développent également. Par exemple, CARMINAT traite des problèmes de cartographie embarquée, de navigation, de diagnostic de l'état du véhicule et de réception des informations provenant de l'extérieur.

Outre ces programmes inclus dans EUREKA, la CEE a lancé en 1988 un programme complémentaire aux précédents appelé DRIVE (Dedicated Road Infrastructure for Vehicle Safety in Europe). Il tend au développement de nouvelles technologies de gestion du trafic nécessaires aux télécommunications des flottes de véhicules et contribuera à l'élaboration de normes et de standards européens en vue d'une production industrielle de tels équipements.

Enfin, au niveau national, les ministères de la Recherche, de l'Industrie et des Transports ont lancé, en 1990, le PREDIT (Programme de recherche et de développement pour l'innovation et la technologie dans les transports terrestres) pour une durée de cinq ans. Il a pour but de stimuler l'effort de recherche et de développement en associant l'ensemble des partenaires publics et privés concernés.

Un plus pour la sécurité routière ?

Ce concept de voiture intelligente, équipée de nouvelles fonctions, montre qu'il est possible d'améliorer la sécurité non seulement du véhicule, mais aussi du système de transport routier. Cependant, ce résultat n'est que théorique. En effet,

cette vision d'une conduite maîtrisée et donc plus sûre, supposera résolus au préalable deux problèmes majeurs :
– l'utilisation réelle de ces aides ;
– la bonne compréhension, et surtout, l'acceptation des informations reçues.

L'utilisation réelle des aides à la conduite équipant la voiture intelligente est subordonnée à leur accès. De plus, les technologies complexes mises en œuvre par ces fonctions peuvent générer de nouvelles fragilités humaines et techniques.

Par ailleurs, l'utilisateur garde évidemment un pouvoir d'interprétation par rapport aux messages qu'il reçoit. Seule l'observation du comportement réel permettra de connaître le degré « d'obéissance » du conducteur, face aux indications, recommandations, voire injonctions qui lui seront délivrées. Cette observation permettra aussi de déterminer jusqu'à quel seuil de compréhension et d'acceptation des messages on pourra solliciter le conducteur sans mettre réellement en péril sa sécurité [FLEURY, 1990].

Il est donc clair que le saut technologique que représente la voiture intelligente ne saura être un atout pour la sécurité routière que lorsque ces deux problèmes seront bien maîtrisés, sans compter les aspects normatifs, juridiques, organisationnels, économiques et financiers sous-jacents (coût de l'équipement) qu'il conviendra de régler dans un délai très court de dix à quinze ans.

Le débat sur l'apport d'un gain supplémentaire de sécurité est donc ouvert, car si le caractère sécuritaire d'un véhicule est amélioré, la sécurité du système dans son ensemble ne l'est pas pour autant, les conducteurs conduisant à risque constant. A l'inverse, on ne peut pas démontrer que les effets sur le système soient négatifs.

La voiture intelligente est un véhicule équipé de nouvelles fonctions, à base d'informatique et d'électronique, susceptibles d'améliorer le bon fonctionnement, la maintenance, le confort et la sécurité de ses usagers. Elle est conçue dans des grands projets technologiques qui sont au centre d'enjeux économiques et sociaux .

L'Amérique du Nord et le Japon sont les concurrents de l'Europe qui développe, au sein d'EUREKA, le projet PROMETHEUS dans lequel s'insèrent divers programmes de recherche tels que : CARMINAT, DEMETER... Afin de stimuler ces recherches, la France a lancé un programme national PREDIT, qui associe partenaires publics et privés.

Le progrès technologique que représente la voiture intelligente est certain, mais le gain de sécurité que cette dernière apporte est tributaire de la bonne utilisation de ses nouvelles fonctions, ainsi que de l'acceptation d'un copilotage (recommandations, injonctions, voire actions de pilotage automatique).

La lisibilité de la route

La rencontre entre psychologues et ingénieurs

La lisibilité de la route s'intéresse aux interactions entre le conducteur et l'infrastructure, plus exactement à l'impact de l'aménagement d'un site routier sur la perception du danger et sur la conduite.

On comprend donc que cette recherche soit pluridisciplinaire, rassemblant des ingénieurs et des psychologues et, éventuellement, des urbanistes. Les psychologues étudient la perception du danger dans certaines configurations routières (virage...) et, de leur côté, les ingénieurs construisent des routes assurant la tenue de route du véhicule, mais ne prenant pas vraiment en compte le comportement du conducteur. Le développement de la psychoergonomie, c'est-à-dire l'analyse de l'activité psychologique liée à la conduite, l'étude détaillée des accidents, cherchant à en décomposer les séquences dans le but de mieux en comprendre l'origine, ont rapproché ingénieurs et psychologues. Ils ont ainsi mis en évidence l'importance de la prévision et des attentes dans la conduite automobile et se sont naturellement intéressés au rôle de l'infrastructure dans ces mécanismes.

L'impact de la lisibilité de la route

La lisibilité de la route s'est tout d'abord développée dans l'aménagement des traversées des petites agglomérations [SETRA, 1987]. La démarche entreprise étant expérimentale, elle s'accommode bien de la diversité des sites routiers. Son impact le plus direct est la transformation parfois spectaculaire de ces lieux. L'opération [CETUR, 1990] « Ville plus sûre, quartiers sans accidents » est venue confirmer l'intérêt de cette recherche. En milieu urbain, on sait désormais que la sécurité routière peut s'intégrer à tous les échelons de la gestion, du plan d'occupation des sols [SARRAZIN, 1990] à l'aménagement d'un carrefour.

Des questions non résolues

La lisibilité de la route est une recherche jeune en voie d'approfondissement. Par exemple, le diagnostic de sécurité sur lequel reposent les expériences de lisibilité reste difficile à établir. Il devrait permettre d'isoler les facteurs d'insécurité des sites étudiés.

En rase campagne, beaucoup d'imagination est encore nécessaire pour trouver le meilleur aménagement convenant à chaque site.

Enfin, si des idées générales ressortent, si des méthodes sont recommandées, on peut penser que les travaux futurs viendront étoffer des synthèses plus poussées.

La lisibilité de la route est une recherche pluridisciplinaire rassemblant psychologues et ingénieurs, visant à intégrer la sécurité routière dans les aménagements de la route et de son environnement immédiat. Fondée sur une analyse minutieuse et rigoureuse des sites locaux, cette démarche encore jeune a déjà conduit à des réalisations spectaculaires en milieu urbain et s'intéresse de plus en plus à la rase campagne.

Des domaines de recherche toujours actuels

La recherche en sécurité routière comprend plusieurs domaines principaux se rattachant aux trois éléments suivants : le conducteur, le véhicule, l'infrastructure.

La recherche sur la sécurité automobile est actuellement le fruit d'une approche globale consistant à analyser ces trois éléments sous leurs différents aspects, non plus de manière indépendante, mais comme un système interactif.

La sécurité des véhicules

Les axes de recherche

La sécurité des véhicules consiste à sauvegarder les occupants, soit en permettant d'éviter au maximum l'accident : sécurité primaire, soit en protégeant au mieux les occupants : sécurité secondaire.

La recherche s'appliquant aux véhicules comprend quatre volets :
– *connaître* grâce à l'étude des causes et des conséquences des accidents ;
– *prévenir* grâce à l'amélioration du comportement dynamique du véhicule (tenue de route, freinage...) ;
– *éviter* par la mise au point de systèmes de détection (signalisation interactive, radar anti-collision...) ;
– *protéger* par absorption de l'énergie du choc dans la structure, et par la sauvegarde de l'intégrité de l'habitacle, par des moyens de retenue plus performants avant et arrière (air-bag, ceintures), ainsi qu'en limitant l'agressivité pour les personnes impliquées.

Les évolutions

1948 vit la mise au point de la première ceinture de sécurité à partir d'un harnais de pilote de chasse, 1950 les premiers mannequins instrumentés pour remplacer l'homme dans les collisions provoquées en laboratoire. Cependant, la recherche scientifique indépendante ne démarre en France qu'à partir des années soixante avec la création de l'ONSER devenant partie de l'Institut national de recherche sur les transports et leur sécurité (INRETS) en 1985. Dès 1969, PSA et Renault avaient mis en place un laboratoire d'Accidentologie et de Biomécanique, qui a largement participé aux progrès réalisés en la matière et qui constitue, actuellement, une des meilleures banques de données en accidentologie secondaire. A partir des années quatre-vingt, le concept de globalité et d'interdépendance des trois facteurs (conducteur, véhicule, infrastructure) fut appliqué à la recherche sur les véhicules.

Actuellement la recherche vit à l'heure des grands programmes PROMETHEUS, DRIVE et PREDIT. Ces programmes voient la fusion des recherches privées (constructeurs, équipementiers) avec celles de l'État (INRETS). Dans le domaine de l'accidentologie et des études liées au comportement et à la physiologie du conducteur, la recherche reste ouverte à d'autres types d'acteurs (collectivités locales, fondations, assurances).

L'impact sur la sécurité

La recherche sur la sécurité des véhicules a permis de faire des progrès importants à partir des années soixante-dix. En sécurité secondaire, presque tout a été fait (structure déformable, habitacle de survie rigide, agressivités interne et externe réduites, systèmes de retenue performants...), excepté une amélioration de tenue de la structure pour les chocs latéraux. A titre d'illustration, la vitesse de 57 km/h, qui est pratiquée lors des essais de choc sur un obstacle rigide, couvre 95 % du différentiel de vitesse mesuré lors des accidents réels et représente, de surcroît, une décélération limite pour le corps humain : on ne peut guère aller plus loin. Par contre, le développement de nouvelles technologies liées aux différents grands programmes de recherche devient déterminant pour la sécurité primaire, qui représente le grand domaine d'avenir pour l'amélioration de la sécurité routière.

Les infrastructures et la sécurité routière

Un domaine varié

La sécurité des infrastructures est depuis l'apparition des routes un domaine d'étude exploré par les ingénieurs routiers. Cependant, il s'est élargi au fur et à mesure que l'impact des infrastructures sur la sécurité routière s'est précisé. A ce jour, les recherches et expériences pratiques ont permis d'établir des principes de sécurité largement appliqués [DOBIAS, 1987], concernant :

– la qualité de la route : profils en travers, en long, tracé en plan, revêtement des chaussées, aménagement des bas-côtés ;

– l'aménagement de points particuliers de la circulation : accès sur route, intersections, passages à niveau, pistes cyclables, voies lentes de poids lourds ;

– des mesures de planification : plan de gestion de la circulation, réglementation des vitesses ;
– les équipements routiers : marquages, signalisation, éclairage ;

Dans la plupart de ces domaines, la recherche continue. Parmi les développements récents, on peut noter dans les revêtements routiers l'apparition des enrobés drainants offrant par temps de pluie de très bonnes performances d'adhérence et de visibilité, et dans le traitement des points dangereux, l'élargissement de la réflexion au traitement continu d'un axe et d'un itinéraire. De plus, les équipements routiers sont en permanence améliorés en fonction des nouvelles technologies. Ils sont évalués par exemple en termes d'amélioration de la sécurité secondaire et expérimentés de façon à tester leur mise en œuvre.

Enfin, les développements dans le domaine de la lisibilité de la route ont amené à introduire des acteurs nouveaux (urbanistes, résidents locaux) dans la recherche et les expériences pratiques concernant la sécurité des infrastructures, secteur longtemps exploré par les seuls ingénieurs routiers.

Par ailleurs les résultats de la recherche sont progressivement mis à la disposition des acteurs de la route : concepteur, gestionnaire technique, responsable territorial, etc. La diffusion des connaissances se fait au moyen de synthèses, de guides pratiques, de recommandations, qui, quand c'est possible, se transforment en réglementations techniques. Les expériences passées et les recherches récentes de lisibilité ont favorisé une plus grande souplesse de la réglementation.

L'ergonomie routière

Le champ de l'étude

L'ergonomie routière est une science appliquée, qui vise à adapter le véhicule et son environnement aux capacités humaines. Pour cela, on étudie le fonctionnement homme-machine à travers ses caractéristiques et ses besoins, afin d'optimiser l'activité et la performance de ce couple. Cette étude se fait, jusqu'à présent, de trois manières différentes : par expérimentation sur un circuit, par observation sur route ou sur simulateur.

Les évolutions

Cependant, l'observation sur route, compte tenu de la complexité du trafic, ne permet pas toujours d'isoler les facteurs déterminants du comportement. Depuis quelques années, les moyens vidéo (caméras à bas niveau de lumière), les moyens de recueil de données (enregistrement numérique, micro-ordinateurs portables) assurent un enregistrement de la scène, et leur couplage permet une étude plus approfondie.

De même, la simulation, qui a démarré avec des moyens très simples (défilement de diapositives, caméra filmant une maquette), a pu faire de grands progrès avec les images de synthèse et une rapidité de calcul des ordinateurs toujours plus élevée. Actuellement, le traitement des données doit encore se développer (traitement automatique) pour permettre de mener à bien les études entreprises.

Outre une évolution toujours plus performante du matériel, l'étude du comportement humain a connu aussi une approche différente par l'étude des « dysfonctionnements », c'est-à-dire de l'accident. Notamment avec la création, au sein de l'INRETS, d'un département de « Mécanismes d'accidents », basé à Salon-de-Provence .

En ce qui concerne les véhicules, les constructeurs effectuent des simulations par modélisation mathématique de la structure, tout en gardant une procédure d'essais pour vérifier l'aptitude aux normes.

On est maintenant parvenu à une simulation dite interactive. La simulation interactive, c'est à la fois une information objective, faisant participer un conducteur réel, et subjective, ressentie par le conducteur, très utile au technicien qui cherche à construire une voiture stable et susceptible d'être conduite par tous.

Bien sûr, intégrer un conducteur, en temps réel, dans un processus de calcul complexe n'est pas facile, mais le progrès des ordinateurs actuels le permet, et ce mode de simulation a tendance à se développer à l'identique de l'aéronautique.

D'autres pistes de recherche sont étudiées à l'INRETS. On citera notamment : les tâches de conduite à dominante perceptive (prise de virage, signalisation routière, anticipation des collisions, perception des mobiles en interaction) ; les tâches de conduite à dominante cognitive c'est-à-dire qui font davantage appel aux connaissances et à l'expérience du conducteur : comportement sur certains points, aux intersections, conduite en file en deux-roues...

La psychosociologie appliquée à la sécurité routière

Le champ de l'étude

La psychosociologie, s'intéresse aux différents acteurs de la sécurité routière tels que : usagers, concepteurs de la route, politiques, professionnels, publicitaires, gestionnaires, assureurs... Elle cherche à apporter un éclairage sur le comportement collectif par sa description et sa quantification des attitudes majoritaires. Elle étudie aussi le rôle des institutions dans la lutte pour la sécurité routière telles que les entreprises, les assurances, les partis politiques, les syndicats, les services publics (pompiers, services médicaux, justice, administration), afin d'améliorer leur efficacité, de cerner leur crédibilité, leurs axes d'efforts ou leur stratégie.

Les dimensions psychosociologiques étudiées sont différentes selon que l'on s'intéresse aux usagers ou aux acteurs. Pour les usagers, on étudiera les déclarations de comportements, les attitudes, les opinions, ainsi que les modes d'action sur les comportemens tels que la sensibilisation, l'information, la réglementation voire les sanctions. La psychosociologie aide les acteurs institutionnels à formuler leur action et à l'évaluer.

Les évolutions

La psychosociologie appliquée à la sécurité routière est née dans les années soixante et a suivi les méthodes de travail de cette période, largement inspirées par celles employées aux États-Unis. Les premiers travaux furent conduits grâce à la méthode du questionnaire type, puis par une méthode non directive inspirée de la thérapie de groupe et transposée au recueil des données.

Depuis 1980, la notion de « comportement social » est à la base des travaux de recherche et permet d'étudier le style de vie des différents groupes sociaux homogènes et, par là, leur situation face au risque routier.

L'impact sur la sécurité routière

Cette dernière approche, l'étude du comportement des différents groupes sociaux, apporte une vision beaucoup plus globale et semble plus efficace pour comprendre l'insécurité routière.

Elle permet tout particulièrement de mieux appréhender les déterminants sociaux (comportements collectifs, rapport avec les institutions) et donc de mettre au point des actions ciblées avec des effets durables (port accru de la ceinture de sécurité grâce à la notion de fidélisation ou d'entraînement avec les ceintures à l'arrière...).

Elle permet aussi de mener une meilleure prospective sur l'influence du comportement (mise au point de nouvelles mesures, études de l'acceptation des caractéristiques de la voiture intelligente...).

Outre les deux thèmes en pointe en sécurité routière que sont la voiture intelligente et la lisibilité de la route, la recherche continue de s'appuyer sur les trois grands domaines interactifs que sont : le conducteur, le véhicule et l'infrastructure.

Ainsi, la psychosociologie du risque routier, l'ergonomie routière, la sécurité des véhicules et des infrastructures constituent des domaines de recherche toujours actuels, où l'interdépendance des trois facteurs cités plus haut est de plus en plus prise en compte.

Des domaines encore peu explorés

Tout n'est pas connu en sécurité routière. Plus encore, certaines questions ne sont pas ou très peu abordées, alors que l'évolution des besoins en sécurité routière en laisse entrevoir l'intérêt. C'est le cas notamment des trois thèmes suivants :

Le vieillissement de la population et ses conséquences

A partir de sondages d'opinion et de statistiques d'accidents, on a pu établir quelques caractéristiques des personnes âgées confrontées à l'insécurité routière. Une enquête de l'OCDE (citée *in* [BARJONET, 1991]) a montré que, pour la même distance de conduite, le risque d'être tué pour le conducteur âgé est de 3 à 5 fois plus élevé que ce qu'il est pour un conducteur dans la classe des 25-64 ans. De plus, la fragilité des personnes âgées est un facteur important dans leur taux de mortalité routière.

On connaît aussi les tendances démographiques des sociétés industrialisées. Elles vieillissent, et les pyramides des âges sont de plus en plus « rectangulaires ». Simultanément on constate une participation accrue des personnes âgées à la circulation routière [BARJONET, 1991]. La question nouvelle est de savoir comment améliorer la sécurité des personnes âgées, comment adapter le système de circulation à leurs besoins et capacités. L'infrastructure, les véhicules, le contrôle de la circulation sont des secteurs qui devront s'adapter à leurs nouveaux utilisateurs. Cette recherche doit donc s'orienter à la fois vers une meilleure connaissance des personnes âgées et vers l'élaboration de meilleures conditions de transport.

L'internationalisation des statistiques

Les statistiques de la sécurité routière sont multiples et variées en raison, d'une part, des nombreux aspects du problème et, d'autre part, du grand nombre d'acteurs concernés. En France, les pompiers, les assurances, les services de police, la gendarmerie, les sociétés d'autoroutes ont leurs statistiques, et on a déjà signalé l'intérêt de les rassembler au niveau national.

De même, dans l'état actuel, élaborer une comparaison internationale sur un aspect quantifié de la sécurité routière est très difficile et souvent discutable. Par prudence, on se limite pour ce qui est des statistiques les plus générales à la comparaison des nombres et des taux de tués.

L'homogénéisation des statistiques permettrait ainsi d'apporter plus de clarté et d'ampleur aux analyses scientifiques. En outre, elle conduirait vraisemblablement à une meilleure prise en compte de la sécurité routière sur la scène internationale.

L'évaluation

Les actions de sécurité routière sont multiples. La recherche, les expériences et le bon sens, parfois, ont permis de les justifier. Cependant, il est difficile de savoir jusqu'à quel degré la mesure a été appliquée ou bien si l'action a bien atteint la cible visée, ou encore d'évaluer les effets et de mettre en évidence les mécanismes à l'origine de ces effets. Les questions d'évaluation recoupent ces trois niveaux.

Des réponses ont été apportées, par exemple, à propos des actions entreprises sur les infrastructures par des études avant-après. A l'opposé, il paraît toujours difficile d'évaluer les conséquences d'une campagne de communication. L'évaluation des effets et de la manière d'agir des grandes mesures réglementaires pourrait permettre d'en assurer la gestion : quand sont-elles réellement efficaces ? Quand ne le sont-elles pas ? Comment les relancer ? En amplifier l'impact ?

Ainsi, l'évaluation des actions de sécurité routière reste très partielle. Des avancées en ce domaine apporteraient plus de justesse et d'économie de moyens dans la lutte contre l'insécurité routière.

Conclusion

La recherche ne se situe pas sur le même plan que l'action : elle est en amont, à l'origine de l'élaboration des connaissances. La recherche en sécurité routière est éminemment pluridisciplinaire. Elle l'est dans la mesure où plusieurs domaines scientifiques (psychologie, sociologie, ingénierie routière, technologie des véhicules, statistiques, etc.) viennent contribuer à une meilleure connaissance du phénomène. Elle l'est plus encore, car de nouveaux domaines comme la lisibilité de la route intègrent plusieurs disciplines.

Enfin, de nombreux liens existent entre action et recherche. En particulier, la recherche sur les conséquences de l'action, c'est-à-dire l'évaluation de celle-ci, est une préoccupation grandissante. Elle constitue un domaine à part entière, encore peu exploré jusqu'à présent.

5 Qui travaille dans le domaine de la sécurité routière ?

Dans ce chapitre, on présentera les acteurs principaux de la sécurité routière, principalement les organismes centraux administratifs et de recherche, mais aussi les institutions locales et les organisations internationales.

Les instances interministérielles : le CISR

Créé en 1972 et regroupant tous les ministres intéressés outre l'Équipement (Santé, Intérieur, Défense), le comité interministériel de la Sécurité routière (CISR) est placé sous la présidence du Premier ministre. Ses travaux sont préparés par un secrétariat général. Il a pour mission de définir les mesures destinées à améliorer la sécurité routière, d'orienter les programmes d'équipement, d'examiner les projets de lois et textes spécifiques de la sécurité routière et de définir la politique d'information du public.

Le ministère de l'Équipement

Les services du ministère

Le ministère de l'Équipement, en charge notamment de l'équipement routier national s'est toujours vu attribuer un rôle important dans le domaine de la sécurité routière. Institutionnellement, la direction de la Sécurité et de la Circulation routières, si elle a une vocation et un statut interministériels, est aussi une Direction du ministère de l'Équipement. L'infrastructure, son aménagement, l'urbanisme, la circulation routière, les options de planification concernant les transports relèvent tous de la responsabilité de ce ministère et les services concernés sont nombreux.

La DSCR

Créée en 1982, la direction de la Sécurité et de la Circulation routières appartient au ministère de l'Équipement. Elle est responsable de la mise en œuvre des décisions du CISR. Pour cela, elle est chargée de promouvoir la sécurité routière et de définir les conditions générales de circulation sur l'ensemble du réseau routier et autoroutier, en rase campagne et en milieu urbain, de plus, elle prend les mesures d'application sur le seul réseau national. Enfin, elle supervise la normalisation des véhicules et la formation à la conduite automobile. La promotion de la sécurité routière s'exprime dans un cadre interministériel, car le directeur de la DSCR est également délégué interministériel à la Sécurité routière, aidé de conseillers techniques issus des principaux ministères intéressés : Intérieur (réglementation, Police, CRS) ; Défense (Gendarmerie) ; Education nationale ; Justice ; Santé.

Les effectifs de la DSCR sont d'environ 230 personnes, son budget s'élevait en 1991 à 862 MF.

Les services gestionnaires

La direction des Routes est principalement responsable de la conception, de l'aménagement et de la gestion des réseaux de routes nationales et d'autoroutes de dégagement. Les autoroutes de liaison sont conçues par la direction des Routes, mais souvent concédées pour leur gestion.

Les directions départementales de l'Équipement assurent le relais local de la direction des Routes. Elles mettent en œuvre le programme d'opérations sur les routes nationales et les autoroutes et sont les maîtres d'œuvre d'opérations au profit des collectivités locales. En 1978-1979 sont créées les cellules départementales d'Exploitation et de Sécurité (CDES). Elles officialisaient l'intérêt porté à la sécurité.

Les services d'études et de recherche

Mis à part l'INRETS, rattaché conjointement à l'Équipement et à la Recherche, on trouve dans le ministère de l'Équipement plusieurs services impliqués dans les études et recherches sur la sécurité routière.

Le Service d'études techniques des routes et autoroutes (SETRA) étudie principalement la sécurité des techniques routières. Il est aussi à l'origine de nombreux travaux d'études et de recherches. Il joue un rôle majeur dans l'amélioration des connaissances en matière d'infrastructure et de sécurité routière. A titre d'exemple, un ouvrage de référence sur la sécurité des routes et des rues à destination des ingénieurs et techniciens de la route est en préparation au SETRA et au CETUR.

Le Centre d'études des transports urbains (CETUR) joue un rôle analogue au SETRA concernant la sécurité routière en milieu urbain.

Le Laboratoire central des ponts et chaussées (LCPC) et les laboratoires régionaux (LRPC) sont des centres de recherche et se préoccupent plus spécialement des techniques routières : revêtements, signalisation, éclairage, gestion du trafic (capteurs, prévision) et météorologie routière.

Les centres d'études techniques de l'Équipement (CETE) sont des services locaux (régionaux). Ils sont sollicités en matière de sécurité routière en raison de leur compétence, de leur implantation (contribution aux actions locales, formation du personnel des DDE), mais aussi de leur disponibilité comparée à celle des DDE, ayant des activités plus opérationnelles.

Un malaise hérité des dix dernières années

Ces dernières années ont été orientées vers une meilleure prise en charge des questions de sécurité par l'ensemble du corps administratif. Les actions marquantes ont été les enquêtes RÉAGIR suivies d'opérations locales qui s'en inspiraient comme les « Objectifs – 10 % » ou les plans départementaux de sécurité routière.

Ces démarches ont quelque peu bousculé les habitudes des techniciens et ingénieurs de l'équipement [LUMINET, 1990]. En effet, elles ont favorisé la création de réseaux hors structures. Les enquêtes RÉAGIR reposent sur le volontariat et la mise à disposition de fonctionnaires, à temps partiel, par leur administration. Des techniciens et des ingénieurs ont été amenés à investir des domaines qu'ils maîtrisaient mal, en se transformant en animateurs locaux de manifestations diverses. De plus, la formation de réseaux parallèles est un facteur de démobilisation pour l'organisation existante.

Corrélativement, si on est parvenu à une mobilisation sociale et locale, caractérisée par le volontariat et la juxtaposition d'actions multiples, on a peu développé d'organisation durable des compétences en matière de sécurité routière. Il se pose le problème de la capitalisation des savoir-faire.

Le bilan de ces dix dernières années est riche d'initiatives mobilisatrices et innovantes, dont une des premières fut la création de la DSCR. Cependant, les structures existantes ont été marginalisées sur le terrain, et les services opérationnels sont encore orientés vers une logique de construction et de maintenance du patrimoine routier.

La sécurité routière : un pari à relever ?

Les atouts du ministère de l'Équipement

Malgré la décentralisation et la réorganisation des services, le ministère de l'Équipement conserve de nombreux atouts pour se lancer plus franchement dans la lutte contre l'insécurité routière. Les compétences techniques et les connaissances se renforcent et les préoccupations des centres d'études et de recherche (INRETS, CETUR, SETRA, CETE) doivent se concrétiser dans l'action des services opérationnels.

De plus, le ministère de l'Équipement est un ministère important, doté d'un budget et d'un prestige considérables. Une plus forte mobilisation des décideurs du ministère devraient permettre à la sécurité routière de bénéficier d'un budget et d'un prestige rehaussés.

Enfin, l'atout le plus important est celui de l'implantation locale. Les DDE, les CETE, les DRE sont voisins sur le terrain et sous la responsabilité du ministère. On peut penser que la mise en œuvre d'objectifs de sécurité routière pourrait bénéficier de ce réseau. C'est le cas déjà maintenant, mais de manière encore partielle.

Pour une technique propre de sécurité routière

On a vu l'intérêt d'intégrer la sécurité routière dans les préoccupations et actions des groupes sociaux. La sécurité routière n'est cependant pas seulement un sujet transversal. Elle requiert parfois des techniques propres et une indépendance de jugement. Comme le montre, par exemple, l'étude des accidents [BRENAC, 1990] : « Une certaine pratique est nécessaire pour bien connaître les données de base (procès-verbaux, etc.) et leurs biais habituels, ou pour éviter les écueils classiques de l'analyse » (recherche d'une cause unique là où elles sont multiples, confusion entre recherche de causalité et de responsabilité, sous-estimation de l'étude temporelle de l'accident, etc.). On le voit, « un professionnalisme » de la sécurité mériterait d'être développé.

Dix années de sécurité routière, orientées vers la mobilisation sociale et locale ont pu générer un malaise parmi les services techniques du ministère de l'Équipement. Ils sont actuellement partiellement actifs dans ce domaine.

Pourtant le ministère de l'Équipement semble posséder tous les atouts pour s'engager véritablement dans l'action de sécurité routière : situation institutionnelle, budget et prestige, domaines d'action (aménagement et infrastructure), compétences reconnues et, enfin, implantation locale. La coordination de l'action de ses services et le développement d'un professionnalisme de la sécurité routière sont deux conditions de sa réussite dans ce domaine.

Les acteurs décentralisés

L'État assure la gestion de tous les niveaux d'action de sa politique de sécurité routière en s'appuyant sur une structure régionale, départementale et locale.

L'ORSR

L'Observatoire régional de la sécurité routière est implanté dans chaque région. Sa mission consiste à assurer la circulation de l'information, à traiter les données statistiques émanant des différentes sources et à assurer l'aide au diagnostic.

Les préfets

Le Plan départemental d'actions de sécurité routière est élaboré par un groupe de travail en concertation avec les élus, les administrations, les associations et les milieux professionnels. Ce plan assure, sous l'autorité du préfet, la cohérence des actions au niveau du département et incite à la prise en charge et à l'échange d'expériences. Ces PDASR engendrent donc des opérations où les acteurs locaux (presse locale, maire, syndicat intercommunal, centre hospitalier, chambre d'agriculture...) sont largement impliqués. Les domaines d'intervention sont variés : infrastructure, éducation, formation, communication, contrôles-sanctions, alerte, secours, soins, prévention.

Les collectivités et conseils généraux

Ils sont le plus souvent partenaires du PDASR.

Les associations

On peut classer la centaine d'associations en relation avec la sécurité routière en associations « acteurs » ou en associations « partenaires » de la sécurité routière. Sans être exhaustif, on citera :

Les acteurs de la sécurité routière

Sur l'ensemble des associations une trentaine travaillent spécialement sur la sécurité routière. On peut citer pour exemple :
- la Prévention routière,
- le Comité national d'action pour la sécurité des usagers de la route (CNASUR),
- les Droits du piéton,
- l'Association pour la diffusion des techniques de sécurité routière (ADTS),
- la Fondation Anne Cellier,
- la Ligue contre la violence routière,

– ENCER : Ecole nationale des conseillers en éducation routière,
– International Drivers Behaviour Research Association (IDBRA).
– Rue de l'Avenir,
– l'Association pour la sécurité des usagers de la route (ASUR),
– l'Association des familles de victimes des accidents de la circulation (AFVAC),

Les partenaires de la sécurité routière

De nombreuses associations agissent en matière de sécurité routière dans un cadre plus large tel que l'éducation, l'aide et l'assistance aux accidentés de la route, la promotion d'un mode de transport (auto , moto , bicyclette...), la prévention des accidents pour les enfants, les secours etc. Ainsi on peut citer respectivement :
– l'Automobile-Club de France,
– le Centre d'information et de rencontre pour la prévention des accidents d'enfants (CIRPAE),
– la Croix Rouge,
– etc.

Les organismes internationaux

Depuis longtemps déjà différents pays ont unis leurs efforts contre l'insécurité routière (50 000 tués, 1 500 000 blessés par an en Europe) au sein d'organismes internationaux, liés aux gouvernements ou non.

Organisations gouvernementales

L'ONU

La Commission économique des Nations-Unies pour l'Europe, basée à Genève, regroupe la Grande Europe (Est et Ouest). Elle agit par le biais d'accords, de résolutions, de recommandations et d'études sur l'harmonisation technique des véhicules, la révision des conventions internationales concernant la circulation et la signalisation, etc.

L'OCDE

L'Organisation de coopération et de développement économiques regroupe 23 pays, dont l'Europe de l'Ouest, et la Yougoslavie, le Japon, l'Australie, la Nouvelle-Zélande, le Canada, les États-Unis. Située à Paris, elle n'exerce aucun pouvoir réglementaire, mais promeut des programmes triennaux de recherche sur des thèmes concernant la circulation et la sécurité.

L'OMS

L'Organisation mondiale de la santé regroupe presque tous les pays du monde. Elle dispose d'un programme de prévention des accidents, tourné en partie vers les accidents de la route. Située à Genève et à Copenhague, elle agit sous la forme d'études, de recherches et de recommandations.

La CEMT

La Conférence européenne des ministres des Transports fut créée en 1953. Elle vise par ses travaux à améliorer les transports intérieurs de portée internationale. Le terme de « transports » couvre l'exploitation des transports, leur équipement et, par conséquent, leur infrastructure.

La CEE

A la Commission des communautés européennes, la Direction générale VII assure la mise en place des réglementations et des politiques communes de sécurité routière. Elle assure, parallèlement, des programmes de recherche.

Les organisations non gouvernementales

Elles sont innombrables et d'influence souvent limitée. Certaines représentent de véritables « lobbies » industriels. Citons en particulier :

– la Prévention routière internationale (PRI),
– la Fédération internationale de l'automobile (FIA),
– l'Alliance internationale du tourisme (AIT),
– l'Union internationale des transporteurs routiers (IRU),
– le Comité européen des assurances (CEA),
– etc.

Conclusion

De nombreuses organisations administratives sont impliquées dans la sécurité routière.

Si les fonctions politiques d'animation et d'orientation des programmes de sécurité routière reviennent naturellement aux institutions nationales (DSCR) et locales (collectivités territoriales), leur mise en œuvre est assurée par l'ensemble des ministres concernés, par le préfet de département et les services décentrés de l'État, par les collectivités territoriales et, aussi, par les associations. On notera également les atouts du ministère de l'Équipement, tant à

l'échelon central que local qui pourraient en faire un acteur énergique, tout au moins en matière d'aménagement et d'infrastructure.

La recherche et les études sont principalement assurées par l'INRETS, le SETRA et le CETUR. Ces deux derniers, plus proches du terrain, font un effort particulier de synthèse et de diffusion des connaissances.

Enfin, les organismes internationaux sont le siège à la fois de la négociation des normes techniques et de la synthèse des données statistiques et de recherche.

Bibliographie

Ouvrages généraux

COLOMB J.-D. (1990) – « Permis de détruire » – Editions Plume.

DSCR (1989) – Livre blanc « La Sécurité Routière » – La Documentation Française.

EVANS L. (1991) – Traffic safety and the driver – Van Nostrand Reinhold.

INRETS (1989) – Un milliard de déplacements par semaine. La mobilité des Français – La Documentation Française.

Ministère de l'Equipement du Logement des Transports et de la Mer (1988) – Gagner du temps sur le temps – La Documentation française.

ONSER (1989) – Fiches thématiques « Circulation et Sécurité ».

RICHELLE M., DROZ R. (1976) – Manuel de psychologie : introduction à la psychologie scientifique – Editions Pierre Mardaga.

ROUSSEAU P. (1948) – Histoire de la vitesse – Collection Que sais-je ?

Ouvrages concernant l'infrastructure

CETUR (1990) – Savoir-faire et techniques « Ville plus sûre, quartiers sans accidents ».

SETRA (1987) – P'TIT AGOR : « Une méthodologie pour l'étude des travaux de petites agglomérations en application de principes de lisibilité de la route ».

Ouvrages spécialisés

AGSAA (1988) – Recueil de données statistiques sur l'assurance automobile en France.

ASSAILLY J.-P. (1990) – Le risque accidentel à l'adolescence et sa prévention (volume II) – Rapport INRETS n° 131.

AUBIN H., GAMBARD J.-M. (1984) – Analyse de la sécurité en carrefour plan sur les routes interurbaines – Rapport d'étude SETRA.

BARJONET P.-E., CAUZARD J.-P. (1982) – Besoins de mobilité et demande de sécurité : production de modèle de régulation et de contrôle social. Aspects de la demande de sécurité – ONSER.

BARJONET P.-E., CAUZARD J.-P. (1987) – Styles de vie et comportements sociaux à l'égard du risque. Perception différentielle des risques – Rapport INRETS n° 38.

BARJONET P.-E. (1988) – Vitesse, risques et accidents ; psychosociologie de la sécurité – Editions Paradigme.

BARJONET P.-E. (1989) – Modèles sociaux d'usage du corps et prise de risque automobile – Rapport INRETS n° 88.

BARJONET P.-E., CAUZARD J.-P., FAURE A. (1989) – Du traitement politique et social de la sécurité routière. *Annales de la recherche urbaine* n° 40, Dunod.

BARJONET P.-E. (1991) – Risques encourus, risques perçus : les personnes âgées l'automobile et la sécurité – RTS n° 29.

BIARD R., DEJEAMMES M. (1985) – Evolution de la ceinture de sécurité, évaluation de l'efficacité – RTS n° 4.

BIECHELER-FRETEL M.-B., LASSARRE S. (1984) – Alcool et Conduite : la loi de Juillet 1978 : un effet nuancé. RTS n° 2.

BIECHELER-FRETEL M.-B. (1989) - Alcool et conduite automobile. Journée spécialisée INRETS.

BLANCHARD C., NEBOIT M. (1980) – Manuel de pédagogie de la circulation automobile – Ed. Codes Rousseau.

BOWER G.-H. (1990) – Incentive programmes for promoting safer driving – International road safety symposium, Copenhagen.

BRENAC T. (1989) – Risque d'accident et caractéristiques des déplacements et des conducteurs . (Thèse).

BRENAC T. (1990) – Mobilisation sociale et approche technique de la sécurité – TPE n° 100.

CAUZARD J.-P. (1989) – Des pour et des contre : attitudes et opinions à l'égard de la vitesse et de sa limitation – Journée d'étude INRETS : « La vitesse entre technique et culture ».

CCE (1991) – Rapport du groupe d'experts à haut niveau pour une politique européenne de sécurité routière.

CETUR (1991) – Modération de la vitesse en agglomération, recommandations techniques sur la limitation généralisée à 50 km/h. (Guide).

CHAIGNEAU E. (1990) – La clientèle des lignes régulières d'autocars à longue distance en France – INRETS, rapport n° 122.

CHICH Y. (1986) – Le comportement des conducteurs, la vitesse et la sécurité. – Journée d'étude de la société des ingénieurs et scientifiques de France (ISF) sur « La Sécurité routière et la construction automobile ».

CHICH Y. (1987) – La gestion de la limitation de vitesse : problèmes et perspectives – RTS n° 15.

CHICH Y. (1989) – Analyse d'un conflit de valeurs : la vitesse et la sécurité – Journée d'étude INRETS : « La vitesse entre technique et culture ».

CHICH Y. (1990) – L'assurance automobile peut-elle et veut-elle investir dans l'action préventive ? – International road safety symposium, Copenhagen.

Code de la Route (1990).

Code Rousseau (1990) – Apprentissage de la conduite accompagnée – Dossier alcool.

COERRANCES (1989) – Étude qualitative sur la vitesse. Rapport final.

COHEN S. (1986) – Régulation du trafic et sécurité aux carrefours à feux – RTS n° 9-10.

DOBIAS G. (1987) – La voiture intelligente un plus pour la sécurité routière ? – RTS n° 15.

DSCR (1986) – 5 000 enquêtes RÉAGIR.

DSCR (1989) – Tableau de bord 1989 – Ministère de l'Équipement, du Logement, des Transports et de la Mer.

DSCR (1990) – Plan d'action de la DSCR 1991-1992.

DSCR (1991) – La route dans sa globalité. Dossier pédagogique n° 6.

DUBOIS D. (1990) – Actes du colloque « Aménagement et sécurité des réseaux routiers locaux. Quelques expériences du pourtour méditerranéen » – Editions Paradigme.

FERRANDEZ F., FLEURY D., MALATERRE G. (1986) – L'étude détaillée des accidents : une nouvelle orientation de la recherche en sécurité routière – RTS n° 9-10.

FLEURY D., FONTAINE H., MALATERRE G., PEYTAVIN J.-F. (1985) – La sécurité dans les petites agglomérations – RTS n° 5.

FLEURY D., LEROUX D., MOEBS H. (1988) – Catégorisation de l'infrastructure par l'usager et sécurité. Analyse des sites urbains et ruraux sur route à faible trafic – Rapport INRETS n° 69.

FLEURY D. (1989) – Accident, observation du comportement, diagnostic de sécurité – Journée d'étude INRETS « La prise en compte des comportements dans l'aménagement des intersections ».

FLEURY D. (1990) – La prise en compte des activités dans la conception des véhicules et des infrastructures routières. Les facteurs humains de la fiabilité dans les systèmes complexes – Editions Octaves entreprises.

FONTAINE H. (1988) – L'exposition au risque des conducteurs de véhicules légers – Rapport INRETS n° 64.

FONTAINE H., GOURLET Y., JURVILLIER J.-C., MALESPERT J.-P. (1990) – Constitution d'une base de données sur les accidents corporels. Année 1989 – Rapport sur convention d'étude DSCR/INRETS n° 89.

FOURNIAU J.-M., HEINZ J.-G. (1989) – De la sécurité à la vitesse ferroviaire – Journée d'étude INRETS « La vitesse entre technique et culture ».

GELLER E.-S., LUDWIG T.-D. (1990) – A behaviour change taxonomy for improving road safety – International road safety symposium, Copenhagen.

HAGENZIEKER M.-P. (1990) – The effects of enforcement and rewards on safety belt use : a field study in the Netherlands – International road safety symposium Copenhagen.

HALE A.-R. (1990) – Modifying individual road user behaviour? – International road safety symposium, Copenhagen.

IRF (1986) – Statistiques routières mondiales 1981-1985.

IRF (1990) – Statistiques routières mondiales 1985-1989.

JAYET M.-C. (1989) – Risque, « Alcool au volant », action législative et théorie de la dissuasion – RTS n° 23.

JULIEN R. (1990) – Les connaissances relatives au conducteur – INRETS-SETRA.

LAGIER G. (1991) – Conduite automobile, vigilance et médicaments. (Programme national de formation à la conduite) – Ministère de l'Équipement.

LEDRU M. (1990) – Actes du colloque « Aménagement et sécurité des réseaux routiers locaux. Quelques expériences du pourtour méditerranéen » – Editions Paradigme.

L'HOSTE J. (1985) – Recherches consacrées au rôle de l'alcool dans les accidents de la circulation routière – RTS n° 5.

L'HOSTE J. (1990) – Commentaire et discours d'évaluation. International road safety symposium, Copenhagen.

LUMINET J.-P. (1990) – Organiser les compétences en matière de sécurité routière – TPE n° 100.

MICHAUT G. (1984) – L'usager et la signalisation routière – RTS n° 3.

Ministère de l'Équipement, Ministère de l'Intérieur (1987) – Signalisation routière.

OCDE (1986) – Synthèse des recherches de l'OCDE en matière de sécurité routière.

OCDE (1991) – International Road Traffic and Accident Database

OEST (1990) – Fichier central des automobiles – Ministère de l'Équipement du Logement des Transports et de la Mer.

OMS (1989) – Annuaire de statistiques sanitaires mondiales.

ONSER (1990) – Bilan annuel, année 1990. Statistiques et commentaires.

PAOUR F. (1968) – L'automobile et l'homme – Ed. SFE.

PAUZIE A. (1989) – Vieillissement et capacités fonctionnelles. Revue bibliographique des connaissances théoriques – INRETS.

PFAFFEROTT I. (1990) – Automobile advertising and traffic safety : points of conflict and integration possibilities. International road safety symposium, Copenhagen.

PICARD J. (1986) – Perception et conduite automobile – INRETS-LCPC.

PICARD J. (1987) – Mémoire de maîtrise en psychologie générale « Processus de traitement de l'information des panneaux de signalisation routière : aspects perceptifs et sémiologiques ».

POISSON-QUINTON Ph. (1989) – La vitesse dans le transport aérien de zéro à 28 000 km/h. Journée d'étude INRETS « La vitesse entre technique et culture ».

QUINCY R., VULIN D. (1986) – Les équipements et aménagements routiers de sécurité. RTS n° 9-10.

ROOIJERS A.-J., DE BRUIN R.-A. (1990) – Selective enforcement of speeding behaviour in built-up areas. International road safety symposium, Copenhagen.

SAAD F., VAN ELSLANDE P., DELHOMME P. (1989) – Étude des comportements en situation réelle de conduite : le franchissement d'intersections – Journée d'étude INRETS : « La prise en compte des comportements dans l'aménagement des intersections ».

SARRAZIN J.-P. (1990) – Une politique de sécurité routière au travers de l'urbanisme dans le département de la Haute-Vienne. Actes du Colloque « Aménagement et sécurité des réseaux routiers locaux. Quelques expériences du pourtour méditerranéen. » – Ed. Paradigme.

SCHWANDER J. (1989) – Marques sur voies étroites : l'enjeu sécurité. SETRA.

SETRA (1986) – Plantations d'alignement. Inventaire et bilan sécurité. Premiers résultats – Note d'information n° 12.

SETRA (1988) - Carrefours sur routes à 2 ou 3 voies. Choix du type d'aménagement – Note d'information n° 55.

SETRA (1988) – Les accotements et la sécurité routière – Note d'information n° 61.

SETRA (1990) – Sécurité et éclairage en rase campagne – Note d'information n° 79.

SETRA (1990) – Indicateurs de sécurité sur les routes nationales en dehors des agglomérations – Note d'information n° 87.

SID (1989) – Note de synthèse : « Étude sur la communication en matière de sécurité routière ».

SID (1991) – Campagne d'été de la sécurité routière « Faisons la route ensemble ».

SOFRES (1990) – Parc Auto 89.

STEINHART F. (1985) – Les relations entre État et collectivités territoriales dans le domaine de la circulation et de la sécurité routières : les modifications apportées par la décentralisation. Évaluation 85 – Colloque ONSER, Paris.

VALLET M. (1991) – « Les dispositifs de maintien de la vigilance des conducteurs de voitures » *In* : Le maintien de la vigilance dans les transports. sous la direction de M. Vallet – Paradigme Caen.

VAN-ELSLANDE P., MALATERRE G. (1987) – Les aides à la conduite. Analyse et besoins en assistance des conducteurs.

VANIOTOU M. (1990) – Quelle perception de la configuration d'un virage ? – RTS n° 27.

VERRIEST J.-P., CHAPON A., CESARI D., RAMET M. (1986) – La tolérance humaine aux chocs. Contribution du LCB – RTS n° 9-10.

VULIN D., QUINCY R. (1987) – Accidents avec sortie de chaussées en terre-plein central sur autoroute de liaison – Rapport INRETS n° 42.

VULIN D., HUET R. (1989) – L'évolution de la sécurité sur les accotements autoroutiers. Les enjeux actuels – INRETS.

YERPEZ J., FERRANDEZ F. (1986) – Caractéristiques routières et sécurité, reconnaissance de la contribution des facteurs route dans la genèse des accidents – Synthèse INRETS n° 2.

Composition et mise en page : Éd. du Mouflon (46 58 27 43)

Achevé d'imprimer sur les presses
de l'Imprimerie BELLANGER & FILS
72400 La Ferté-Bernard
Dépôt légal 1420 – Octobre 1992

Composition et mise en page :
Éd. du Mouflon (46 58 27 43)